SÍNODO DOS BISPOS
III ASSEMBLEIA GERAL EXTRAORDINÁRIA

OS DESAFIOS PASTORAIS DA FAMÍLIA NO CONTEXTO DA EVANGELIZAÇÃO

INSTRUMENTUM LABORIS

Direção-geral: *Bernadete Boff*
Editora responsável: *Maria Goretti de Oliveira*

1ª edição – 2014

1ª reimpressão – 2014

Nenhuma parte desta obra poderá ser reproduzida ou transmitida por qualquer forma e/ou quaisquer meios (eletrônico ou mecânico, incluindo fotocópia e gravação) ou arquivada em qualquer sistema ou banco de dados sem permissão escrita da Editora. Direitos reservados.

Paulinas

Rua Dona Inácia Uchoa, 62
04110-020 – São Paulo – SP (Brasil)
Tel.: (11) 2125-3500
http://www.paulinas.org.br – editora@paulinas.com.br
Telemarketing e SAC: 0800-7010081

© Pia Sociedade Filhas de São Paulo – São Paulo, 2014

SUMÁRIO

Abreviaturas 9

Apresentação 11

Premissa 15

I PARTE: COMUNICAR O EVANGELHO DA FAMÍLIA HOJE 19

Capítulo I: O desígnio de Deus sobre matrimônio e família 21

A família à luz do dado bíblico 21
A família nos documentos da Igreja 23

Capítulo II: Conhecimento e recepção da Sagrada Escritura e dos documentos da Igreja sobre matrimônio e família 27

O conhecimento da Bíblia sobre a família 28
Conhecimento dos documentos do Magistério 29
A necessidade de sacerdotes e ministros preparados 29
Acolhimento diversificado do ensinamento da Igreja 30
Alguns motivos da dificuldade de recepção 32
Promover um melhor conhecimento do Magistério 33

Capítulo III: Evangelho da família e lei natural..........37

O nexo entre Evangelho da família e lei natural ...37
Problemática da lei natural hoje............................38
Contestação prática da lei natural sobre
a união entre homem e mulher.............................41
Desejável renovação da linguagem......................42

Capítulo IV: A família e a vocação da pessoa
em Cristo...45

A família, a pessoa e a sociedade........................45
À imagem da vida trinitária.................................47
A Sagrada Família de Nazaré e a educação
para o amor..48
Diferença, reciprocidade e estilo de vida
familiar...49
Família e desenvolvimento integral....................51
Acompanhar o novo desejo de família
e as crises...52
Uma formação constante.....................................54

II PARTE: A PASTORAL DA FAMÍLIA DIANTE DOS
NOVOS DESAFIOS..55

Capítulo I: A pastoral da família: as várias
propostas em ação..57

Responsabilidade dos pastores e dons
carismáticos na pastoral familiar........................57
A preparação para o matrimônio.........................58
Piedade popular e espiritualidade familiar..........61
O apoio à espiritualidade familiar......................62
O testemunho da beleza da família.....................63

Capítulo II: Os desafios pastorais da família 65

a) A crise da fé e a vida familiar 65
A ação pastoral na crise de fé 65
b) Situações críticas internas à família 66
Dificuldades de relação/comunicação 66
Fragmentação e desagregação 67
Violência e abuso...................................68
Dependências, *mass media* e social *networks*....69
c) Pressões externas à família 71
A incidência do trabalho sobre a família 71
O fenômeno migratório e a família 72
Pobreza e luta pela subsistência 73
Consumismo e individualismo........................73
Contratestemunhos na Igreja.........................74
d) Algumas situações particulares.......................75
O peso das expectativas sociais sobre
o indivíduo 75
O impacto das guerras...................................76
Disparidade de culto 76
Outras situações críticas 77

Capítulo III: As situações pastorais difíceis 79

a) Situações familiares 79
As convivências 80
As uniões de fato 81
Separados, divorciados e divorciados
recasados..83
Os filhos e quantos permanecem sozinhos.......84
As mães solteiras 84
Situações de irregularidade canônica..............85
Sobre o acesso aos sacramentos.....................88
Outros pedidos 90
Sobre os separados e os divorciados 90

Simplificação das causas matrimoniais 91
A atenção às situações difíceis 93
Não praticantes e não crentes que pedem
o matrimônio 95
b) Sobre as uniões entre pessoas
do mesmo sexo 98
Reconhecimento civil 98
A avaliação das Igrejas particulares 100
Algumas indicações pastorais 101
Transmissão da fé às crianças em uniões
de pessoas do mesmo sexo 103

III PARTE: A ABERTURA À VIDA
E A RESPONSABILIDADE EDUCATIVA 105

Capítulo I: Os desafios pastorais acerca
da abertura à vida 107
Conhecimento e recepção do Magistério
sobre a abertura à vida 108
Algumas causas da difícil recepção 110
Sugestões pastorais 112
Sobre a prática sacramental 112
Promover uma mentalidade aberta à vida 113

Capítulo II: A Igreja e a família diante
do desafio educativo 115
a) O desafio educativo em geral 115
O desafio educativo e a família hoje 115
Transmissão da fé e iniciação cristã 116
Algumas dificuldades específicas 117
b) A educação cristã em situações
familiares difíceis 119

Uma visão geral da situação 120
Os pedidos dirigidos à Igreja 121
As respostas das Igrejas particulares 125
Tempos e modos da iniciação cristã
das crianças 128
Algumas dificuldades específicas 131
Algumas indicações pastorais 131

Conclusão 135

ABREVIATURAS

CCC *Catecismo da Igreja Católica*

CDF *Congregação para a Doutrina da Fé*

CTI *Comissão Teológica Internacional*

CV *Caritas in Veritate*, Carta encíclica de Bento XVI (29 de junho de 2009)

DCE *Deus Caritas Est,* Carta encíclica de Bento XVI (25 de dezembro de 2005)

DV *Dei Verbum*, Constituição dogmática sobre a divina revelação, Concílio Ecumênico Vaticano II

EG *Evangelii Gaudium*, Exortação apostólica de Francisco (24 de novembro de 2013)

FC *Familiaris Consortio*, Exortação apostólica de João Paulo II (22 de novembro de 1981)

GS *Gaudium et Spes*, Constituição pastoral sobre a Igreja no mundo contemporâneo, Concílio Ecumênico Vaticano II

GE *Gravissimum Educationis*, Declaração sobre a educação cristã, Concílio Ecumênico Vaticano II

HV *Humanae Vitae*, Carta encíclica de Paulo VI (25 de julho de 1968)

LF *Lumen Fidei*, Carta encíclica de Francisco (29 de junho de 2013)

LG *Lumen Gentium*, Constituição dogmática sobre a Igreja, Concílio Ecumênico Vaticano II

SC *Sacramentum Caritatis*, Exortação apostólica pós-sinodal de Bento XVI (22 de fevereiro de 2007)

APRESENTAÇÃO

No dia 8 de outubro de 2013, o Papa Francisco convocou a III Assembleia Geral Extraordinária do Sínodo dos Bispos, acerca do tema: "Os desafios pastorais da família no contexto da evangelização". A Secretaria Geral do Sínodo deu início à preparação mediante o envio do *Documento Preparatório*, que suscitou uma vasta resposta eclesial por parte do povo de Deus, reunida no presente *Instrumentum Laboris.* Considerando a amplidão e a complexidade do tema, o Santo Padre definiu um itinerário de trabalho em duas etapas, que constitui uma unidade orgânica. Na Assembleia Geral Extraordinária de 2014, os padres sinodais avaliarão e aprofundarão os dados, os testemunhos e as sugestões das Igrejas particulares, com a finalidade de enfrentar os novos desafios sobre a família. A Assembleia Geral Ordinária de 2015, mais representativa do episcopado, inserindo-se no precedente trabalho sinodal, meditará ulteriormente sobre as temáticas abordadas para encontrar adequadas linhas de ação pastorais.

O *Instrumentum Laboris* nasce das respostas ao questionário do *Documento Preparatório*, publicado no mês de novembro de 2013, estruturado em oito grupos de perguntas relativas ao matrimônio e à família, e amplamente difundido. As respostas, numerosas e minuciosas, foram enviadas pelos Sínodos das Igrejas Orientais Católicas *sui iuris*, pelas Conferências Episcopais, pelos Dicastérios da Cúria Romana e pela União dos Superiores-Gerais. Chegaram diretamente à Secretaria-Geral também respostas – chamadas *observações* – da parte de um número significativo de dioceses, paróquias, movimentos, grupos, associações eclesiais e realidades familiares, assim como de instituições acadêmicas, especialistas, fiéis e outras pessoas interessadas em fazer conhecer a própria reflexão.

O texto está estruturado em três partes e retoma, em conformidade com uma ordem funcional à assembleia sinodal, as oito temáticas propostas no questionário. A primeira parte é dedicada ao "Evangelho da família, entre desígnio de Deus e vocação da pessoa em Cristo", horizonte no qual se relevam o conhecimento e a recepção do dado bíblico e dos documentos do Magistério da Igreja, incluindo as dificuldades, entre as quais a compreensão da lei natural. A segunda parte aborda as várias propostas de pastoral familiar, os relativos desafios e as situações mais difíceis. A terceira parte é dedicada à abertura à vida e à responsabilidade educacional dos pais, que caracterizam o matrimônio entre o homem e a mulher, com referência particular às situações pastorais atuais.

O presente documento, fruto do trabalho colegial proveniente da consulta das Igrejas particulares que a Secretaria-Geral do Sínodo recolheu e elaborou juntamente com o Conselho de Secretaria, é colocado nas mãos dos membros da Assembleia Geral sinodal como

Instrumentum Laboris. Ele oferece um panorama amplo, embora não exaustivo, da situação familiar contemporânea, dos seus desafios e das reflexões que suscita.

Os temas que não estão incluídos neste documento, alguns dos quais foram indicados pelas respostas no n. 9 (*outros*) do questionário, serão abordados durante a Assembleia Geral Ordinária do Sínodo de 2015.

Lorenzo Card. Baldisseri
Secretário-Geral do Sínodo dos Bispos

Vaticano, 24 de junho de 2014
Solenidade da Natividade de São João Batista.

PREMISSA

O anúncio do Evangelho da família constitui uma parte integrante da missão da Igreja, porque a revelação de Deus ilumina a realidade da relação entre o homem e a mulher, do seu amor e da fecundidade do seu relacionamento. Na época contemporânea, a difundida crise cultural, social e espiritual constitui um desafio para a evangelização da família, núcleo vital da sociedade e da comunidade eclesial. Tal anúncio põe-se em continuidade com a assembleia sinodal sobre *A nova evangelização para a transmissão da fé cristã* e o *Ano da fé*, proclamado por Bento XVI.

A Assembleia Geral Extraordinária do sínodo, acerca do tema: "Os desafios pastorais sobre a família no contexto da evangelização", tendo em consideração que "a tradição apostólica progride na Igreja sob a assistência do Espírito Santo" (*DV* 8), é chamada a meditar sobre o caminho a seguir, para comunicar a todos os homens a verdade do amor conjugal e da família, enfrentando os seus múltiplos desafios (cf. *EG* 66). A família constitui um recurso inesgotável e uma fonte de vida para a pastoral da Igreja; por conseguinte, a sua tarefa primária é o anúncio da beleza da vocação para o amor, grande potencial também para a sociedade. Perante esta urgência, *cum et sub Petro*, o episcopado põe-se em dócil escuta do Espírito Santo, ponderando sobre os desafios pastorais dos dias de hoje.

Consciente de que as dificuldades não determinam o horizonte último da vida familiar e de que as pessoas não se encontram unicamente diante de problemáticas inéditas, a Igreja constata de bom grado os impulsos, sobretudo entre os jovens, que fazem entrever uma nova primavera para a família. A este propósito, podem-se encontrar testemunhos significativos nos numerosos congressos eclesiais, onde se manifesta claramente, sobretudo nas novas gerações, um renovado desejo de família. Diante de tal aspiração, a Igreja é solicitada a oferecer assistência e acompanhamento, a todos os seus níveis, em fidelidade ao mandato do Senhor de anunciar a beleza do amor familiar. Nos seus encontros com as famílias, o Sumo Pontífice encoraja sempre a olhar com esperança para o próprio futuro, recomendando estes estilos de vida através dos quais se conserva e se faz prosperar o amor em família: *pedir licença, agradecer* e *pedir perdão*, sem jamais deixar que o sol se ponha sobre uma desavença ou uma incompreensão, sem ter a humildade de pedir desculpa um ao outro.

Desde o início do seu pontificado, o Papa Francisco reiterou: "Deus nunca se cansa de nos perdoar; nunca! [...] nós, às vezes, cansamo-nos de pedir perdão" (*Angelus*, 17 de março de 2013). Esta ênfase sobre a misericórdia suscitou um impacto relevante também sobre as questões relativas ao matrimônio e à família, enquanto, longe de qualquer moralismo, confirma e descerra horizontes na vida cristã, independentemente dos limites que pudemos experimentar e dos pecados que tivermos cometido. A misericórdia de Deus abre à conversão contínua e ao renascimento permanente.

I Parte

COMUNICAR O EVANGELHO DA FAMÍLIA HOJE

CAPÍTULO I

O DESÍGNIO DE DEUS SOBRE MATRIMÔNIO E FAMÍLIA

A família à luz do dado bíblico

1. O livro do Gênesis apresenta o homem e a mulher criados à imagem e semelhança de Deus; no acolhimento recíproco, eles reconhecem-se feitos um para o outro (cf. *Gn* 1,24-31; 2,4b-25). Através da procriação, o homem e a mulher são tornados colaboradores de Deus no acolhimento e transmissão da vida: "Transmitindo aos seus descendentes a vida humana, o homem e a mulher, como esposos e pais, cooperam de modo único na obra do Criador" (*CCC* 372). Além disso, a sua responsabilidade alarga-se à preservação da criação e ao crescimento da família humana. Na tradição bíblica, a perspectiva da beleza do amor humano, espelho do divino, desenvolve-se, sobretudo, no Cântico dos Cânticos e nos profetas.

2. O anúncio da Igreja sobre a família encontra o seu fundamento na pregação e na vida de Jesus, o qual viveu e cresceu na família de Nazaré, participou nas bodas de Caná, das quais enriqueceu a festa com o primeiro dos seus "sinais" (cf. *Jo* 2,1-11), apresentando-

-se como o esposo que une a si a Esposa (cf. *Jo* 3,29). Na cruz, entregou-se com amor até ao fim, e no seu corpo ressuscitado estabeleceu novas relações entre os homens. Revelando plenamente a misericórdia divina, Jesus concede que o homem e a mulher recuperem aquele "princípio" segundo o qual Deus os uniu numa só carne (cf. *Mt* 19,4-6), mediante a qual – com a graça de Cristo – eles são tornados capazes de se amarem para sempre e com fidelidade. Portanto, a medida divina do amor conjugal, à qual os cônjuges estão chamados por graça, tem a sua nascente na "beleza do amor salvífico de Deus manifestado em Jesus Cristo morto e ressuscitado" (*EG* 36), coração do Evangelho.

3. Jesus, ao assumir o amor humano, também o aperfeiçoou (cf. *GS* 49), entregando ao homem e à mulher um modo novo de se amar, que tem o seu fundamento na fidelidade irrevogável de Deus. Sob esta luz, a Carta aos Efésios indicou no amor nupcial entre o homem e a mulher "o grande mistério" que torna presente no mundo o amor entre Cristo e a Igreja (cf. *Ef* 5,31-32). Eles possuem o carisma (cf. *1 Cor* 7,7) de edificar a Igreja, com o seu amor esponsal e com a tarefa da geração e educação dos filhos. Ligados por um vínculo sacramental indissolúvel, os esposos vivem a beleza do amor, da paternidade, da maternidade e da dignidade de participar deste modo na obra criadora de Deus.

A família nos documentos da Igreja

4. Com o decorrer dos séculos, a Igreja não deixou faltar o seu constante ensinamento sobre matrimônio e família. Uma das expressões mais altas deste Magistério foi proposta pelo Concílio Ecumênico Vaticano II, na Constituição pastoral *Gaudium et Spes*, que dedica um capítulo inteiro à promoção da dignidade do matrimônio e da família (cf. *GS* 47-52). Ele definiu o matrimônio como comunidade de vida e de amor (cf. *GS* 48), colocando o amor no centro da família, mostrando, ao mesmo tempo, a verdade deste amor diante das diversas formas de reducionismo presentes na cultura contemporânea. O "verdadeiro amor entre marido e esposa" (*GS* 49) implica a doação recíproca de si, inclui e integra a dimensão sexual e a afetividade, correspondendo ao desígnio divino (cf. *GS* 48-49). Além disso, a *Gaudium et Spes*, no número 48, frisa a radicação dos esposos em Cristo: Cristo Senhor "vem ao encontro dos cônjuges cristãos no sacramento do matrimônio", e com eles permanece. Na encarnação, ele assume o amor humano, purifica-o, leva-o à plenitude, e doa aos esposos, com o seu Espírito, a capacidade de viver, permeando toda a sua vida de fé, esperança e caridade. Deste modo os esposos são como que consagrados e, mediante uma graça própria, edificam o Corpo de Cristo e constituem uma Igreja doméstica (cf. *LG* 11), de modo que a Igreja, para compreender plenamente o seu mistério, olha para a família cristã, que o manifesta de modo genuíno.

5. Em continuidade com o Concílio Vaticano II, o Magistério pontifício aprofundou a doutrina sobre o matrimônio e sobre a família. Em particular Paulo VI, com a Encíclica *Humanae Vitae*, evidenciou o vínculo íntimo entre amor conjugal e geração da vida. São João Paulo II dedicou à família uma atenção especial através das suas catequeses sobre o amor humano, da Carta às famílias (*Gratissimam Sane*) e, sobretudo, da Exortação apostólica *Familiaris Consortio*. Nestes documentos, o pontífice definiu a família como "caminho da Igreja"; ofereceu uma visão de conjunto sobre a vocação do homem e da mulher para o amor; propôs as linhas fundamentais para a pastoral da família e para a presença da família na sociedade. Em particular, ao tratar da caridade conjugal (cf. *FC* 13), descreveu o modo como os cônjuges, no seu amor recíproco, recebem o dom do Espírito de Cristo e vivem a sua chamada à santidade.

6. Bento XVI, na Encíclica *Deus Caritas Est*, retomou o tema da verdade do amor entre homem e mulher, que só se ilumina plenamente à luz do amor de Cristo crucificado (cf. *DCE* 2). Ele reafirma como: "O matrimônio baseado num amor exclusivo e definitivo torna-se o ícone do relacionamento de Deus com o seu povo e, vice-versa, o modo de Deus amar torna-se a medida do amor humano" (*DCE* 11). Além disso, na Encíclica *Caritas in Veritate,* ele evidencia a importância do amor como princípio de vida na sociedade (cf. *CV* 44), lugar no qual se aprende a experiência do bem comum.

7. O *Papa Francisco*, na Encíclica *Lumen Fidei*, ao tratar do vínculo entre a família e a fé, escreve: "o encontro com Cristo, o deixar-se conquistar e guiar pelo seu amor alarga o horizonte da existência, dá-lhe uma esperança firme que não desilude. A fé não é um refúgio para gente sem coragem, mas a dilatação da vida: faz descobrir uma grande chamada – a vocação ao amor – e assegura que este amor é fiável, que vale a pena entregar-se a ele, porque o seu fundamento se encontra na fidelidade de Deus, que é mais forte do que toda a nossa fragilidade" (*LF* 53).

Capítulo II

CONHECIMENTO E RECEPÇÃO DA SAGRADA ESCRITURA E DOS DOCUMENTOS DA IGREJA SOBRE MATRIMÔNIO E FAMÍLIA

8. A nossa época eclesial caracteriza-se por uma ampla redescoberta da Palavra de Deus na vida da Igreja. A retomada da Sagrada Escritura, em âmbito eclesial, marcou, de maneira diferenciada, a vida das dioceses, das paróquias e das comunidades eclesiais. Contudo, das numerosas respostas e observações recebidas, resulta que o conhecimento, a comunicação e a recepção dos ensinamentos da Igreja relativos à família se dão em modalidades bastante diversificadas, segundo as experiências familiares, o tecido eclesial e o contexto sociocultural. Nas regiões onde é viva uma tradição cristã e onde há uma pastoral bem organizada, encontram-se pessoas sensíveis à doutrina cristã sobre o matrimônio e a família. Noutras partes, por diversos motivos, encontram-se muitos cristãos que ignoram a existência destes ensinamentos.

O conhecimento da Bíblia sobre a família

9. Em geral, pode-se dizer que o ensinamento da Bíblia, sobretudo dos evangelhos e das cartas paulinas, é hoje mais conhecido. Contudo, da parte de todas as conferências episcopais afirma-se que há ainda muito a fazer, para que ele se torne o fundamento da espiritualidade e da vida dos cristãos também em referência à família. Em muitas respostas, observa-se também um grande desejo entre os fiéis de conhecer melhor a Sagrada Escritura.

10. Nesta perspectiva, sobressai como é decisiva a formação do clero e em particular a qualidade das homilias, sobre a qual o Santo Padre Francisco insistiu recentemente (cf. *EG* 135-144). Com efeito, a homilia é um instrumento privilegiado para apresentar aos fiéis a Sagrada Escritura no seu valor eclesial e existencial. Graças a uma adequada pregação, o povo de Deus é posto em condições de apreciar a beleza da Palavra que atrai e conforta a família. Juntamente com a homilia, reconhece-se como instrumento importante a promoção, no âmbito das dioceses e das paróquias, de cursos que ajudem os fiéis a aproximar-se das Escrituras de modo adequado. Sugere-se não tanto que se multipliquem iniciativas pastorais, mas que se anime biblicamente toda a pastoral familiar. Qualquer circunstância na qual a Igreja é chamada a ocupar-se dos fiéis, no âmbito da família, constitui uma ocasião para que o Evangelho da família seja anunciado, experimentado e apreciado.

Conhecimento dos documentos do Magistério

11. O conhecimento dos documentos conciliares e pós-conciliares do Magistério sobre a família, por parte do povo de Deus, parece ser geralmente escasso. Sem dúvida, há um certo conhecimento deles por parte dos especialistas em âmbito teológico. Contudo, estes textos não parecem permear profundamente a mentalidade dos fiéis. Há também respostas que reconhecem com muita franqueza o fato de que tais documentos, entre os fiéis, não são minimamente conhecidos. Em algumas respostas, nota-se que por vezes os documentos são considerados – sobretudo pelos leigos, que não têm preparação prévia – como realidades um pouco "exclusivas". Sente-se uma certa dificuldade em pegar nestes textos e estudá-los. Muitas vezes, se não há alguém preparado, capaz de introduzir a sua leitura, estes documentos parecem difíceis de se abordar. Sente-se, sobretudo, a necessidade de mostrar o caráter existencial das verdades afirmadas nos documentos.

A necessidade de sacerdotes e ministros preparados

12. Algumas observações recebidas atribuíram a responsabilidade da escassa difusão deste conhecimento aos próprios pastores que, segundo o parecer de alguns fiéis, eles mesmos não conhecem em profundidade o argumento matrimônio-família dos documentos, nem parece que tenham os instrumentos para desenvolver esta temática. De algumas observações recebidas, pode--se deduzir como os pastores, por vezes, se sintam inade-

quados e despreparados para tratar problemáticas que se referem à sexualidade, à fecundidade e à procriação, de modo que, muitas vezes, se prefere não enfrentar estes temas. Em algumas respostas, encontra-se também uma certa insatisfação em relação a alguns sacerdotes que parecem indiferentes em relação a alguns ensinamentos morais. O seu desacordo com a doutrina da Igreja gera confusão entre o povo de Deus. Por isso, é pedido que os sacerdotes sejam mais preparados e responsáveis ao explicar a Palavra de Deus e ao apresentar os documentos da Igreja relativos ao matrimônio e à família.

Acolhimento diversificado do ensinamento da Igreja

13. Um bom número de conferências episcopais observa que, onde o ensinamento da Igreja é transmitido em profundidade, com a sua genuína beleza, humana e cristã, ele é aceito com entusiasmo por grande parte dos fiéis. Quando se consegue mostrar uma visão global do matrimônio e da família segundo a fé cristã, então nos apercebemos da sua verdade, bondade e beleza. O ensinamento é aceito em maior medida onde há um caminho real de fé por parte dos fiéis, e não só uma curiosidade momentânea sobre o que a Igreja pensa acerca da moral sexual. Por outro lado, muitas respostas confirmam que, também quando o ensinamento da Igreja sobre matrimônio e família é conhecido, muitos cristãos manifestam dificuldade em aceitá-lo integralmente. Em geral, são mencionados elementos parciais da doutrina cristã, mesmo se relevantes, onde

se observa uma resistência, em diversos graus, como, por exemplo, em relação ao controle dos nascimentos, divórcio e novas núpcias, homossexualidade, convivência, fidelidade, relações pré-matrimoniais, fertilização *in vitro* etc. Muitas respostas confirmam que, ao contrário, o ensinamento da Igreja sobre a dignidade e o respeito pela vida humana é ampla e facilmente aceito, pelo menos a princípio.

14. Justamente, observa-se que seria necessária maior integração entre espiritualidade familiar e moral, o que permitiria compreender melhor também o Magistério da Igreja em âmbito de moral familiar. Algumas intervenções constatam a importância de valorizar elementos das culturas locais, que podem ajudar a compreender o valor do Evangelho; é o caso de grande parte da cultura asiática, frequentemente centrada sobre a família. Nestes contextos, algumas conferências episcopais afirmam que não é difícil integrar os ensinamentos da Igreja sobre a família com os valores sociais e morais do povo, presentes nestas culturas. Com isto se pretende chamar também a atenção para a importância da interculturalidade no anúncio do Evangelho da família. Em conclusão, das respostas e observações recebidas, sobressai a necessidade de estimular percursos formativos concretos e possíveis, mediante os quais introduzir as verdades da fé que dizem respeito à família, sobretudo para poder apreciar o seu profundo valor humano e existencial.

Alguns motivos da dificuldade de recepção

15. Algumas conferências episcopais observam que o motivo da resistência aos ensinamentos da Igreja sobre a moral familiar é a falta de uma autêntica experiência cristã, de um encontro pessoal e comunitário com Cristo, que não pode ser substituído pela apresentação, mesmo que correta, de uma doutrina. Neste contexto, lamenta-se a insuficiência de uma pastoral que se preocupa unicamente em administrar os sacramentos, sem que a isto corresponda uma verdadeira experiência cristã cativante. Além disso, a maioria das respostas frisa o crescente contraste entre os valores propostos pela Igreja sobre matrimônio e família e a situação social e cultural diversificada em todo o planeta. Releva-se a unanimidade nas respostas também em relação aos motivos de fundo das dificuldades na aceitação do ensinamento da Igreja: as novas tecnologias difusivas e invasivas; a influência dos *mass media*; a cultura hedonista; o relativismo; o materialismo; o individualismo; o crescente secularismo; a prevalência de concepções que levaram a uma excessiva liberalização dos costumes em sentido egoísta; a fragilidade das relações interpessoais; uma cultura que rejeita escolhas definitivas, condicionada pela precariedade, pelo provisório, típica de uma "sociedade líquida", do "usa e joga fora", do "tudo e já"; valores apoiados pela chamada "cultura do descarte" e do "provisório", como recorda frequentemente o Papa Francisco.

16. Há quem recorde os obstáculos devidos ao prolongado domínio de ideologias ateias em muitos países, que criaram uma atitude de desconfiança em relação ao ensinamento religioso em geral. Outras respostas se referem às dificuldades que a Igreja encontra no confronto com as culturas tribais e com as tradições ancestrais, nas quais o matrimônio tem características bastante diferentes em relação à visão cristã, como, por exemplo, ao apoiar a poligamia ou outras visões que contrastam com a ideia de matrimônio indissolúvel e monogâmico. Os cristãos que vivem nestes contextos certamente precisam ser muito apoiados pela Igreja e pelas comunidades cristãs.

Promover um melhor conhecimento do Magistério

17. Muitas respostas focalizaram a questão da necessidade de encontrar novas formas de transmissão dos ensinamentos da Igreja sobre matrimônio e família. Muito depende da maturidade da Igreja particular, da sua tradição a este propósito e dos efetivos recursos disponíveis no território. Sobretudo, reconhece-se a necessidade de formar agentes pastorais capazes de transmitir a mensagem cristã de modo culturalmente adequado. Contudo, quase todas as respostas afirmam que, em nível nacional, existem uma Comissão para a Pastoral da Família e o Diretório da Pastoral Familiar. Geralmente, as conferências episcopais propõem o ensinamento da Igreja através de documentos, simpósios e de uma animação minuciosa; assim como, em

nível diocesano, se age através de vários organismos e comissões. Certamente, não faltam também respostas que revelam uma situação pesada para a organização eclesial, na qual faltam recursos econômicos e humanos para que se possa organizar de maneira continuada uma catequese sobre a família.

18. Muitos recordam que é decisivo estabelecer relações com os centros acadêmicos adequados e preparados sobre temáticas familiares, em níveis doutrinal, espiritual e pastoral. Algumas respostas referem ligações proveitosas em nível internacional entre centros universitários e dioceses, também em zonas periféricas da Igreja, para promover momentos formativos qualificados sobre matrimônio e família. Um exemplo, várias vezes citado nas respostas, é a colaboração com o Pontifício Instituto João Paulo II para os estudos sobre matrimônio e família, de Roma, com diversas sedes em todo o mundo. A este respeito, várias conferências episcopais recordam a importância de desenvolver as intuições de São João Paulo II sobre a teologia do corpo, nas quais se propõe uma abordagem fecunda às temáticas da família, com sensibilidade existencial e antropológica, aberta às novas instâncias emergentes no nosso tempo.

19. Por fim, é frisado por muitos que a catequese sobre matrimônio e família não se deve limitar hoje apenas à preparação do casal para o matrimônio; é necessária uma dinâmica de acompanhamento de caráter experiencial que, através de testemunhas, mostre

a beleza de quanto nos transmitem sobre a família o Evangelho e os documentos do Magistério da Igreja. Muito antes que se apresentem para o matrimônio, os jovens precisam ser ajudados a conhecer quanto ensina a Igreja e por que o ensina. Muitas respostas realçam o papel dos pais na catequese específica sobre a família. Eles desempenham um papel insubstituível na formação cristã dos filhos em relação ao Evangelho da família. Esta tarefa exige uma compreensão profunda da sua vocação à luz da doutrina da Igreja. O seu testemunho é já uma catequese viva, não só na Igreja, mas também na sociedade.

Capítulo III

EVANGELHO DA FAMÍLIA E LEI NATURAL

O nexo entre Evangelho da família e lei natural

20. No contexto do acolhimento do ensinamento da Igreja sobre matrimônio e família é necessário ter presente o tema da lei natural. Neste ponto considera-se o fato de que os documentos magisteriais mencionam com frequência este vocabulário, que hoje apresenta dificuldades. A perplexidade, que hoje se constata em ampla escala em relação ao conceito de lei natural, tende a chamar em causa, de modo problemático, alguns elementos da doutrina cristã sobre o tema. Na realidade, o que subjaz à relação entre Evangelho da família e lei natural não é tanto a defesa de um conceito filosófico abstrato, quanto a necessária relação que o Evangelho estabelece com o humano em todas as suas declinações históricas e culturais. "A lei natural responde, assim, à exigência de fundamentar na razão os direitos do homem e torna possível um diálogo intercultural e inter-religioso" (CTI, *Em busca de uma ética universal: novo olhar sobre a lei natural*, 35).

Problemática da lei natural hoje

21. À luz de quanto a Igreja afirmou ao longo dos séculos, examinando a relação entre o Evangelho da família e a experiência comum de cada pessoa, é possível considerar as numerosas problemáticas evidenciadas nas respostas ao questionário em relação ao tema da lei natural. Para a maior parte das respostas e das observações, o conceito de "lei natural" resulta ser como tal, nos diversos contextos culturais de hoje, bastante problemático, ou até incompreensível. Trata-se de uma expressão que é entendida de modo diferenciado ou simplesmente não compreendida. Numerosas conferências episcopais, em contextos extremamente diversos, afirmam que, mesmo se a dimensão esponsal da relação entre homem e mulher é geralmente aceita como realidade vivida, isto não é interpretado em conformidade com uma lei universalmente dada. Só um número muito limitado de respostas e observações evidenciou uma adequada compreensão desta lei em nível popular.

22. As respostas e observações manifestam também que o adjetivo "natural" por vezes tende a ser compreendido segundo o matiz subjetivo de "espontâneo". As pessoas são orientadas para valorizar o sentimento e a emotividade; dimensões que se apresentam como "autênticas" e "originais" e, por conseguinte, que "naturalmente" se devem seguir. As visões antropológicas subjacentes recordam, por um lado, a autonomia da liberdade humana, não necessariamente vinculada a

uma ordem objetiva natural, e, por outro, a aspiração do ser humano à felicidade, entendida como realização dos próprios desejos. Por conseguinte, a lei natural é compreendida como herança superada. Hoje, não só no Ocidente, mas progressivamente em todas as partes da terra, a investigação científica representa um sério desafio ao conceito de natureza. A evolução, a biologia e as neurociências, confrontando-se com a ideia tradicional de lei natural, chegam a concluir que ela não deve ser considerada "científica".

23. Também a noção de "direitos humanos" é geralmente vista como uma chamada à autodeterminação do sujeito, já não ancorada na ideia de lei natural. A este propósito, muitos observam que os sistemas legislativos de numerosos países vêm tendo de regulamentar situações contrárias ao ditado tradicional da lei natural (por exemplo, a fertilização *in vitro*, as uniões homossexuais, a manipulação de embriões humanos, o aborto etc.). Neste contexto, encontra-se a crescente difusão da ideologia chamada *gender theory*, segundo a qual o *gender* de cada indivíduo resulta ser apenas o produto de condicionamentos e necessidades sociais, deixando, deste modo, de ter plena correspondência com a sexualidade biológica.

24. Além disso, nota-se em grande medida que o que é estabelecido pela lei civil – baseado no positivismo jurídico, cada vez mais dominante – se torna, na mentalidade comum, também moralmente aceitável. O que é "natural" tende a ser definido como tal só pelo

indivíduo e pela sociedade, que se tornaram os únicos juízes para as escolhas éticas. A relativização do conceito de "natureza" reflete-se também sobre o conceito de "duração" estável em relação à união esponsal. Hoje, um amor é considerado "para sempre" só em relação a quanto ele possa efetivamente durar.

25. Se, por um lado, se assiste a uma perda de significado da "lei natural", por outro, como afirmado por várias conferências episcopais da África, da Oceania e da Ásia oriental, em algumas regiões a poligamia é considerada "natural", tal como é considerado "natural" repudiar a esposa que não seja capaz de dar filhos – e, entre eles, filhos varões – ao marido. Em outras palavras, sobressai que, sob o ponto de vista da cultura difundida, a lei natural já não deve ser considerada universal, a partir do momento em que já não existe um sistema de referência comum.

26. Das respostas emerge a convicção generalizada do fato de que a distinção dos gêneros possui um fundamento natural no âmbito da existência humana. Por conseguinte, existe a força da tradição, da cultura e da intuição: o desejo de manter a união entre o homem e a mulher. Portanto, a lei natural é universalmente aceita "de fato" pelos fiéis, mesmo sem a necessidade de ser teoricamente justificada. Já que a não consideração do conceito de lei natural tende a dissolver o vínculo entre amor, sexualidade e fertilidade, entendidos como essência do matrimônio, muitos aspectos da moral sexual da Igreja hoje não são compreendidos. Radica-se sobre

isto uma certa crítica à lei natural também da parte de alguns teólogos.

Contestação prática da lei natural sobre a união entre homem e mulher

27. Considerando o escasso uso hodierno da referência à lei natural por parte de muitas realidades acadêmicas, as maiores contestações provêm da prática maciça do divórcio, da convivência, da contracepção, dos procedimentos artificiais de procriação, das uniões homossexuais. Entre as populações mais pobres e menos influenciadas pelo pensamento do Ocidente – aqui é feita referência de modo especial a alguns estados africanos –, foram evidenciados outros tipos de contestação desta lei, como o fenômeno do *machismo*, da poligamia, dos matrimônios entre adolescentes e pré-adolescentes, do divórcio em caso de esterilidade ou, contudo, de falta de descendência masculina, mas também do incesto e outras práticas aberrantes.

28. Em quase todas as respostas, incluídas as observações, registra-se o número crescente de casos de famílias "alargadas", sobretudo devido à presença de filhos tidos de diversos *partners*. Na sociedade ocidental, já são numerosos também os casos nos quais os filhos, além dos pais separados ou divorciados, recasados ou não, se encontram também com avôs na mesma situação. E ainda, sobretudo na Europa e na América do Norte (mas também entre os estados da Ásia oriental), existem casos em evidente aumento de

uniões matrimoniais não abertas à vida, assim como de indivíduos que orientam a sua vida como *singles*. Também as famílias monoparentais estão em evidente aumento. Nos mesmos continentes assiste-se ainda a um vertiginoso aumento da idade matrimonial. Muitas vezes, sobretudo nos Estados da Europa do Norte e da América setentrional, os filhos são considerados um obstáculo para o bem-estar da pessoa e do casal.

29. É digna de menção a vontade de reconhecer em nível civil, sobretudo em algumas regiões da Ásia, uniões chamadas "multipessoais" entre indivíduos de orientações e identidades sexuais diversas, baseadas só nas próprias necessidades e nas exigências individuais e subjetivas. Em síntese, tende-se a acentuar o direito à liberdade individual sem obrigações: as pessoas "constroem-se" só com base nos próprios desejos individuais. Aquilo que se julga ser cada vez mais "natural" é, sobretudo, a autorreferencialidade da gestão dos próprios desejos e aspirações. Para isto contribui em grande medida a influência insistente dos *mass media* e do estilo de vida exibido por certas personagens do desporto e do espetáculo; aspectos que exercem a sua influência também nos países nos quais a cultura familiar tradicional parece ter resistido mais (África, Médio Oriente e Ásia centro-meridional).

Desejável renovação da linguagem

30. A exigência implícita ao uso tradicional da expressão "lei natural" estimula a melhorar a linguagem

e o quadro conceitual de referência, de modo a comunicar os valores do Evangelho de forma compreensível ao homem de hoje. Em particular, da grande maioria das respostas e, ainda mais, das observações, emerge a necessidade de dar uma ênfase decididamente maior ao papel da Palavra de Deus como instrumento privilegiado na concepção da vida conjugal e familiar. É recomendada uma referência maior ao mundo bíblico, às suas linguagens e formas narrativas. Neste sentido, é digna de relevo a proposta de situar e aprofundar o conceito, de inspiração bíblica, de "ordem da criação", como possibilidade de reler de modo existencialmente mais significativo a "lei natural" (cf. a ideia de lei inscrita no coração em *Rm* 1,19-21 e 2,14-15). É proposto que se insista também em linguagens acessíveis, como, por exemplo, a simbólica, utilizada pela liturgia. É recomendada ainda a atenção ao mundo juvenil, o qual deve ser assumido como interlocutor direto, também sobre estes temas.

Capítulo IV

A FAMÍLIA E A VOCAÇÃO DA PESSOA EM CRISTO

A família, a pessoa e a sociedade

31. A família é reconhecida no povo de Deus como um bem inestimável, o ambiente natural de crescimento da vida, uma escola de humanidade, de amor e de esperança para a sociedade. Ela continua a ser um espaço privilegiado no qual Cristo revela o mistério e a vocação do homem. Ao lado da afirmação partilhada deste dado originário, a grande maioria das respostas afirma que a família pode ser este lugar privilegiado, deixando entender, e por vezes explicitamente constatando, uma distância preocupante entre a família nas formas em que hoje é conhecida e o ensinamento da Igreja a este propósito. A família encontra-se objetivamente num momento muito difícil, com realidades, histórias e sofrimentos complexos, que necessitam de um olhar compassivo e compreensivo. É este olhar que permite que a Igreja acompanhe as famílias como são na realidade, para, a partir daqui, anunciar o Evangelho da família segundo as suas necessidades específicas.

32. Reconhece-se nas respostas como, durante muitos séculos, a família tem desempenhado um papel significativo no âmbito da sociedade: de fato, ela é o primeiro lugar onde a pessoa se forma na sociedade e para a sociedade. Reconhecida como o lugar natural para o desenvolvimento da pessoa, é por isto também o fundamento de qualquer sociedade e Estado. Em síntese, ela é definida como a "primeira sociedade humana". A família é o lugar onde se transmitem e se podem aprender, desde os primeiros anos de vida, valores como fraternidade, lealdade, amor à verdade e ao trabalho, respeito e solidariedade entre as gerações, assim como a arte da comunicação e da alegria. Ela é o espaço privilegiado para viver e promover a dignidade e os direitos do homem e da mulher. A família, fundada no matrimônio, representa o âmbito de formação integral dos futuros cidadãos de um país.

33. Um dos grandes desafios da família contemporânea consiste na tentativa da sua privatização. Há o risco de esquecer que a família é a "célula básica da sociedade, o espaço onde se aprende a conviver na diferença e a pertencer aos outros" (*EG* 66). É necessário propor uma visão aberta da família, fonte de capital social, o que significa, de virtudes essenciais para a vida comum. Na família aprende-se o que é o bem comum, porque nela se pode fazer a experiência da bondade de viver juntos. Sem família o homem não pode sair do seu individualismo, pois só nela se aprende a força do amor para apoiar a vida, e "sem um amor fiável, nada poderia manter verdadeiramente unidos os homens: a

unidade entre eles seria concebível apenas enquanto fundada sobre a utilidade, a conjugação dos interesses, o medo, mas não sobre a beleza de viverem juntos, nem sobre a alegria que a simples presença do outro pode gerar" (*LF* 51).

34. Será necessário refletir sobre o que significa hoje promover uma pastoral capaz de estimular a participação da família na sociedade. As famílias não são só objeto de proteção por parte do Estado, mas devem recuperar o seu papel como sujeitos sociais. Neste contexto surgem muitos desafios para as famílias: a relação entre a família e o mundo do trabalho, entre a família e a educação, entre a família e a saúde, a capacidade de unir entre si as gerações, de modo que não se abandonem os jovens nem os idosos, o desenvolvimento de um direito de família que tenha em consideração as suas relações específicas, a promoção de leis justas, como as que garantem a defesa da vida humana desde a sua concepção e as que promovem a bondade social do matrimônio autêntico entre o homem e a mulher.

À imagem da vida trinitária

35. Um certo número de respostas frisa a imagem da Trindade refletida na família. A experiência do amor recíproco entre os esposos ajuda a compreender a vida trinitária como amor: através da comunhão vivida em família as crianças podem divisar uma imagem da Trindade. Recentemente, o Santo Padre Francisco recordou nas suas catequeses sobre os sacramentos que "quando

um homem e uma mulher celebram o sacramento do matrimônio, Deus, por assim dizer, "espelha-se" neles, imprime neles os seus lineamentos e o caráter indelével do seu amor. O matrimônio é o ícone do amor de Deus por nós. Com efeito, também Deus é comunhão: as três Pessoas do Pai, Filho e Espírito Santo vivem desde sempre e para sempre em unidade perfeita. É precisamente nisto que consiste o mistério do matrimônio: dos dois esposos Deus faz uma só existência" (Audiência Geral de 2 de abril de 2014).

A Sagrada Família de Nazaré e a educação para o amor

36. De maneira quase constante, as respostas frisam a importância da família de Nazaré como modelo e exemplo para a família cristã. O mistério da Encarnação do Verbo no seio de uma família revela-nos que ela é um lugar privilegiado para a revelação de Deus ao homem. Com efeito, reconhece-se como precisamente a família é o lugar normal e cotidiano do encontro com Cristo. O povo cristão olha para a família de Nazaré como exemplo de relação de amor, como ponto de referência para cada realidade familiar e como conforto na tribulação. A Igreja dirige-se à família de Nazaré para confiar-lhe as famílias, na sua realidade concreta de alegria, de esperança e de sofrimento.

37. As respostas recebidas evidenciam a importância do amor vivido em família, definida como "sinal eficaz da existência do Amor de Deus", "santuário do

amor e da vida". A primeira experiência de amor e de relação é feita em família: é frisada a necessidade de que cada criança viva no calor e nas atenções protetoras dos pais, numa casa na qual reina a paz. As crianças devem poder sentir que Jesus está com elas e que nunca estão sozinhas. A solidão das crianças, devido à debilidade dos vínculos familiares, está presente sobretudo em algumas áreas geográficas. Também as correções devem orientar-se para fazer com que as crianças possam crescer num ambiente familiar no qual se vive o amor, para que os pais realizem a sua vocação de serem colaboradores de Deus no desenvolvimento da família humana.

38. É frisado com insistência o valor formativo do amor vivido em família, não só para os filhos, mas para todos os seus membros. A família é definida como "escola de amor", "escola de comunhão", um "ginásio de relações", o lugar privilegiado no qual se aprende a construir relações significativas, que ajudem o desenvolvimento da pessoa até a capacidade da doação de si. Algumas respostas frisam que o conhecimento do mistério e da vocação da pessoa humana está ligado com o reconhecimento e o acolhimento no seio da família dos diferentes dons e capacidades de cada um. Sobressai aqui a ideia da família como "primeira escola de humanidade": nisto ela é considerada insubstituível.

Diferença, reciprocidade e estilo de vida familiar

39. O papel dos pais, primeiros educadores na fé, é considerado essencial e vital. Com frequência se evi-

dencia o testemunho da sua fidelidade e, em particular, da beleza da sua diferença; por vezes, afirma-se simplesmente a importância dos papéis distintos de pai e mãe. Noutros casos, é ressaltada a positividade da liberdade, da igualdade entre os cônjuges e da sua reciprocidade, assim como a necessidade do envolvimento de ambos os pais tanto na educação dos filhos como nos trabalhos domésticos, como é afirmado em algumas respostas, sobretudo naquelas da Europa.

40. Em relação ainda à diferença, por vezes é frisada a riqueza da diferença intergeracional que se pode experimentar em família, em cujo âmbito se vivem eventos decisivos como o nascimento e a morte, os sucessos e as desventuras, a metas alcançadas e as desilusões. Através destes e de outros eventos, a família torna-se o lugar no qual os filhos crescem no respeito da vida, na formação da sua personalidade, atravessando todas as fases da existência.

41. É evidenciada com insistência nas respostas a importância de que a fé seja compartilhada e tornada explícita por parte dos pais, começando pelo estilo de vida do casal na relação entre si e com os filhos, mas também através da partilha do seu conhecimento e consciência de Cristo, que – como é recordado constantemente – deve estar no centro da família. No contexto de uma sociedade plural, os pais podem assim oferecer aos filhos uma orientação básica para a sua vida, que os possa apoiar também depois da infância. Por isto são afirmadas a necessidade de criar um espaço e um tempo

para estar juntos em família e a necessidade de uma comunicação aberta e sincera, num diálogo constante.

42. É unanimemente frisada a importância da oração em família, como igreja doméstica (cf. *LG* 11), a fim de alimentar uma verdadeira "cultura familiar de oração". Com efeito, o conhecimento autêntico de Jesus Cristo é promovido em família pela oração pessoal e, em particular, familiar, segundo as formas específicas e as práticas domésticas, consideradas uma forma eficaz para transmitir a fé às crianças. É feita grande insistência também sobre a leitura comum da Escritura, assim como sobre outras formas de oração, como a bênção da mesa e a recitação do rosário. É, contudo, explicitado que a família igreja doméstica não pode substituir a comunidade paroquial; além disso, frisa-se a importância da participação familiar na vida sacramental, na eucaristia dominical e nos sacramentos da iniciação cristã. Em várias respostas, é sublinhada também a importância de viver o sacramento da reconciliação e a devoção mariana.

Família e desenvolvimento integral

43. Além disso, é realçada a importância da família para um desenvolvimento integral: a família resulta ser fundamental para a maturação daqueles processos afetivos e cognitivos que são decisivos para a estruturação da pessoa. Por ser ambiente vital no qual a pessoa se forma, a família é também fonte na qual adquirir a consciência de ser filhos de Deus, chamados

por vocação ao amor. Outros lugares contribuem para o crescimento da pessoa, como a convivência social, o mundo do trabalho, a política, a vida eclesial; contudo, reconhece-se que os fundamentos humanos adquiridos em família permitem aceder a ulteriores níveis de socialização e estruturação.

44. A família confronta-se cotidianamente com muitas dificuldades e provas, como indicam muitas respostas. Ser uma família cristã não garante automaticamente a imunidade de crises até profundas, através das quais, contudo, a família se consolida, chegando assim a reconhecer a própria vocação originária no desígnio de Deus, com o apoio da ação pastoral. A família é uma realidade já "dada" e garantida por Cristo, e deve ser "construída" todos os dias ao mesmo tempo com paciência, compreensão e amor.

Acompanhar o novo desejo de família e as crises

45. Um dado importante que se sobressai nas respostas é que, também diante de situações bastante difíceis, muitas pessoas, sobretudo jovens, sentem o valor do vínculo estável e duradouro, um verdadeiro desejo de matrimônio e família, no qual almejam realizar um amor fiel e indissolúvel, que ofereça serenidade para o crescimento humano e espiritual. O "desejo de família" revela-se como um verdadeiro sinal dos tempos, que pede para ser aproveitado como ocasião pastoral.

46. É necessário que a Igreja se ocupe das famílias que vivem situações de crise e de estresse; que a família seja acompanhada durante todo o ciclo da vida. A qualidade das relações no âmbito da família deve ser uma das preocupações cruciais da Igreja. O primeiro apoio vem de uma paróquia vivida como "família de famílias", identificada como o centro principal de uma pastoral renovada, feita de acolhimento e de acompanhamento, vivido na misericórdia e na ternura. Indica-se a importância de organizações paroquiais de apoio à família.

47. Além disso, em alguns casos é urgente a necessidade de acompanhar situações nas quais os vínculos familiares estão ameaçados pela violência doméstica, com intervenções de apoio capazes de curar as feridas infligidas, e desenraizar as causas que as determinaram. Onde dominam abuso, violência e abandono não pode haver nem crescimento nem percepção alguma do próprio valor.

48. Por fim, evidencia-se a importância de uma estreita colaboração entre as famílias/casas e a paróquia, na missão de evangelizar, assim como a necessidade do envolvimento ativo da família na vida paroquial, através de atividades de subsidiariedade e solidariedade a favor de outras famílias. A este respeito, menciona-se a ajuda preciosa de comunidades compostas por famílias. Também a pertença a movimentos e associações pode ser particularmente significativa do ponto de vista do apoio.

Uma formação constante

49. É frisada com muita frequência a necessidade de uma pastoral familiar que tenha como objetivo uma formação constante e sistemática acerca do valor do matrimônio como vocação, da redescoberta da genitorialidade (paternidade e maternidade) como dom. O acompanhamento do casal não se deve limitar à preparação para o matrimônio, em relação à qual se aponta – aliás – a necessidade de rever os percursos. Evidencia-se, sobretudo, a necessidade de uma formação mais constante e minuciosa: bíblica, teológica, espiritual, mas também humana e existencial. Faz-se presente a necessidade de que a catequese assuma uma dimensão intergeracional, que envolva ativamente os pais no percurso de iniciação cristã dos próprios filhos. Em algumas respostas é indicada uma particular atenção às festas litúrgicas, como o tempo de Natal e, sobretudo, a festa da Sagrada Família, como momentos preciosos para mostrar a importância da família e aprender o contexto humano no qual Jesus cresceu, no qual aprendeu a falar, amar, rezar e trabalhar. Recomenda-se a necessidade de salvaguardar, também sob o ponto de vista civil, onde for possível, o domingo como dia do Senhor; como dia no qual favorecer o encontro na família e com as outras famílias.

II Parte

A PASTORAL DA FAMÍLIA
DIANTE DOS NOVOS DESAFIOS

Capítulo I

A PASTORAL DA FAMÍLIA: AS VÁRIAS PROPOSTAS EM AÇÃO

Responsabilidade dos pastores e dons carismáticos na pastoral familiar

50. No compromisso pastoral pela família vê--se em ação uma interessante reciprocidade entre a responsabilidade dos pastores e os diversos carismas e ministérios na comunidade eclesial. As experiências mais positivas verificam-se precisamente quando se dá esta sinergia. Contemplando o compromisso de tantos irmãos e irmãs pela pastoral da família, podem-se imaginar formas novas de presença efetiva da Igreja, que tem a coragem de "sair" de si porque animada pelo Espírito. Para representar esta riqueza, concentremo--nos em alguns temas e passemos em resenha as diversas iniciativas e os estilos de que encontramos amplas indicações nas respostas recebidas.

A preparação para o matrimônio

51. Há respostas muito semelhantes entre os diversos continentes a propósito da preparação para o matrimônio. Encontramos com frequência cursos ministrados nas paróquias, seminários e retiros de oração para casais, que envolvem como animadores, além dos sacerdotes, também casais com experiência familiar consolidada. Nestes cursos, os objetivos são: a promoção da relação do casal, com a consciência e a liberdade da escolha; o conhecimento dos compromissos humanos, civis e cristãos; a retomada da catequese da iniciação, com o aprofundamento do sacramento do matrimônio; o encorajamento a que o casal participe na vida comunitária e social.

52. Algumas respostas fazem notar a pouca atenção dos nubentes, em muitos casos, aos cursos pré-matrimoniais. Por isto, em muitos contextos tende-se a promover catequeses diferenciadas: para os jovens até antes do noivado; para os pais dos noivos; para as pessoas já casadas; para as pessoas separadas; para a preparação para o batismo; para o conhecimento dos documentos pastorais dos bispos e do Magistério da Igreja. Em alguns países são indicadas verdadeiras escolas de preparação para a vida matrimonial, que visam sobretudo à instrução e promoção da mulher. O discurso diferencia-se em particular nas regiões onde há uma grande secularização, onde se constata uma crescente distância cultural dos casais em relação ao ensinamento da Igreja. Os cursos particularmente

prolongados nem sempre são bem acolhidos. Nos cursos pré-matrimoniais, normalmente, propõe-se aos nubentes o conhecimento dos métodos naturais de regulação da fertilidade. Esta proposta é oferecida pelo testemunho de "casais-guia".

53. Algumas conferências episcopais lamentam que os noivos se apresentem muitas vezes no último momento, tendo já estabelecido a data do matrimônio, mesmo quando o casal apresenta aspectos que necessitariam de particular cura, como no caso da disparidade de culto (entre um batizado e um não batizado) ou de uma escassa formação cristã. Outras conferências recordam como os itinerários para a preparação ao sacramento do matrimônio têm melhorado nos últimos decênios, procurando transformar cada vez mais os "cursos" em "percursos", envolvendo sacerdotes e esposos. Releva-se que nestes últimos anos os conteúdos dos programas sofreram uma mudança consistente: de um serviço orientado unicamente para o sacramento, passou-se a um primeiro anúncio da fé.

54. Em muitas partes do mundo há louváveis iniciativas de preparação para o matrimônio: "novas comunidades" que promovem retiros, encontros pessoais, grupos de oração, reflexão e partilha, peregrinações, "domingos da Palavra", festivais, congressos nacionais e internacionais da família. Observa-se, contudo, que estes percursos, muitas vezes, são sentidos mais como uma proposta obrigatória do que como uma possibilidade de crescimento à qual aderir livremente. Outro momento

importante é certamente o diálogo de preparação para o matrimônio com o pároco ou com o seu encarregado; trata-se de um momento necessário para todos os noivos; muitas vezes, nas respostas, lamenta-se que não seja suficientemente usado como uma oportunidade para um confronto mais aprofundado, permanecendo ao contrário num contexto mais formal.

55. Muitas respostas contam que nos cursos propostos se procura introduzir novos temas como a capacidade de ouvir o cônjuge, a vida sexual conjugal, a solução dos conflitos. Em alguns contextos, marcados por tradições culturais bastante machistas, faz-se notar a falta de respeito em relação à mulher, que origina uma prática da conjugalidade não conforme com a reciprocidade entre sujeitos de igual dignidade. Em algumas zonas marcadas no passado por ditaduras ateias, onde com frequência faltam os conhecimentos básicos sobre a fé, são indicadas novas formas de preparação dos noivos, como os retiros nos fins de semana, atividades em pequenos grupos integradas com testemunhos de casais. Indicam-se também jornadas diocesanas para a família, via-sacra e exercícios espirituais para as famílias.

56. Algumas respostas indicam que em alguns territórios, de prevalência multirreligiosa e multiconfessional, é necessário ter presente alguns aspectos particulares, como o número considerável de matrimônios mistos e de disparidade de culto. Isto torna necessária uma adequada preparação por parte dos sacerdotes para acompanhar estes casais. Nas dioceses da Europa

oriental, procura-se o diálogo com as Igrejas ortodoxas, por ocasião da preparação para os matrimônios mistos. Há testemunhos interessantes que ilustram as jornadas diocesanas com a presença do bispo e o testemunho de casais maduros na fé. Tende-se a criar ocasiões de relações entre famílias, em diálogo com os casais idosos, valorizando iniciativas de cultura bíblica e momentos de oração para os nubentes. Os casais mais maduros servem de "padrinhos" dos casais jovens, que se preparam para o matrimônio.

Piedade popular e espiritualidade familiar

57. Das respostas recebidas deduz-se a necessidade de salvaguardar e promover as diversas formas da piedade popular difundidas nos vários continentes, em apoio à família. Não obstante uma certa desagregação familiar, permanecem ainda significativas a devoção mariana, as festas populares, as dos santos do lugar, como momentos agregativos da família. Além da recitação do rosário, em algumas realidades é costume recitar o *Angelus*; mantém um certo valor a *peregrinatio Mariae*, a passagem de um ícone ou de uma imagem de Nossa Senhora de uma família para outra, de uma casa para outra. Recorda-se ainda o valor da "peregrinação do Evangelho", que consiste na colocação de um ícone e da Sagrada Escritura nas casas das famílias, com o compromisso de lerem regularmente a Bíblia e rezarem juntos durante um determinado período. Constata-se que entre as famílias que cultivam estas formas de pieda-

de, como a "peregrinação das famílias", incrementam-se fortes relações de amizade e de comunhão. Muitos indicam também a importância de promover a comum liturgia das horas, a leitura dos Salmos e dos outros textos da Sagrada Escritura. Por vezes, recomenda-se também a oração espontânea com palavras próprias, de agradecimento e de pedido de perdão. Em algumas nações evidencia-se a oração pelas diversas circunstâncias da vida: por ocasião do aniversário do batismo, do matrimônio e da morte. Há quem indique que muitas vezes a oração familiar se pratica nas viagens, no trabalho e na escola; em certos países, utilizando até rádio e televisão. É indicada também a contribuição benéfica que as famílias recebem da proximidade dos mosteiros, mediante os quais se estabelece uma relação de complementaridade vocacional entre matrimônio e vida consagrada. Um discurso análogo é feito quanto à relação fecunda entre esposos e presbíteros, nas suas respectivas funções.

O apoio à espiritualidade familiar

58. Muitas conferências episcopais testemunharam como as Igrejas particulares, com a sua ação pastoral, apoiam a espiritualidade da família. Dos movimentos de espiritualidade provém uma contribuição específica à promoção de uma pastoral familiar autêntica e eficaz no nosso tempo. Encontram-se situações eclesiais muito diversas e caminhos diferenciados das comunidades cristãs. O que parece evidente é o fato

de que as Igrejas locais devam poder encontrar nesta realidade verdadeiros recursos não só para promover algumas iniciativas esporádicas para os casais, mas para imaginar percursos de pastoral familiar adequados para o nosso tempo. Algumas intervenções frisaram como, em muitas dioceses, se consegue promover uma animação específica, uma formação de casais capazes de apoiar outros casais e uma série de iniciativas destinadas a promover uma verdadeira espiritualidade familiar. Alguns observam que, por vezes, as comunidades locais, os movimentos, os grupos e as agregações religiosas podem correr o risco de permanecer aprisionados em dinâmicas paroquiais ou agregativas demasiado autor-referenciais. Por isso, é importante que tais realidades vivam todo o horizonte eclesial em chave missionária, de modo a evitar o perigo da autorreferência. As famílias pertencentes a estas comunidades desempenham um apostolado vivo e têm evangelizado muitas outras famílias; os seus membros ofereceram um testemunho credível da vida matrimonial fiel, de estima recíproca e de unidade, de abertura à vida.

O testemunho da beleza da família

59. Um ponto-chave para a promoção de uma pastoral familiar autêntica e incisiva parece ser ultimamente o testemunho do casal. Este elemento foi recordado por todas as respostas. O testemunho é essencial, não só de coerência com os princípios da família cristã, mas também da beleza e da alegria que proporciona o

acolhimento do anúncio evangélico no matrimônio e na vida familiar. Também na pastoral familiar se sente a necessidade de percorrer a *via pulchritudinis*, ou seja, o caminho do testemunho cheio de encanto da família vivido à luz do Evangelho e em união constante com Deus. Trata-se de mostrar também na vida familiar que "crer n'ele e segui-lo não é algo apenas verdadeiro e justo, mas também belo, capaz de cumular a vida dum novo esplendor e duma alegria profunda, mesmo no meio das provações" (*EG* 167).

60. Algumas conferências episcopais fazem notar que, mesmo se em muitas áreas geográficas o bom êxito do matrimônio e da família já não seja dado como certo, observa-se, contudo, que nos jovens há uma elevada estima pelos cônjuges que, até depois de muitos anos de matrimônio, ainda vivem uma escolha de vida que se distingue pelo amor e pela fidelidade. Também por isto, celebram-se em muitas dioceses, na presença dos bispos, jubileus e festas de agradecimento pelos cônjuges casados há anos. Nesta mesma direção, reconhece-se o testemunho especial dado por aqueles cônjuges que permanecem ao lado do consorte, não obstante problemas e dificuldades.

Capítulo II

OS DESAFIOS PASTORAIS DA FAMÍLIA

61. Nesta seção, estão recolhidas as respostas e as observações acerca dos desafios pastorais da família, que se estruturam em três questões fundamentais: a crise da fé na sua relação com a família; os desafios internos e os desafios externos, que dizem respeito à realidade familiar; algumas situações difíceis, relacionadas com uma cultura do individualismo e com a desconfiança nas relações estáveis.

a) A crise da fé e a vida familiar

A ação pastoral na crise de fé

62. Algumas respostas revelam que, nas situações nas quais a fé é débil ou ausente nas realidades familiares, a paróquia e a Igreja no seu conjunto não são sentidas como um apoio. Isto provavelmente acontece devido a uma percepção errada e moralista da vida eclesial, devida ao contexto sociocultural no qual vivemos, onde está em crise a própria instituição familiar como tal. O ideal de família é entendido como uma meta inatingível e frustrante, em vez de ser compreendido como indicação de um caminho possível, através

do qual aprender a viver a própria vocação e missão. Quando os fiéis sentem este desamor, a crise no casal, no matrimônio ou na família muitas vezes e gradualmente se transforma numa crise de fé. Fazemos, portanto, a pergunta sobre o modo pastoral de agir nestes casos: como fazer com que a Igreja, nas suas diversas articulações pastorais, se mostre capaz de se ocupar dos casais em dificuldade e da família.

63. Muitas respostas observam como uma crise de fé pode ser a ocasião para constatar a falência ou uma oportunidade para se renovar, descobrindo razões mais profundas em confirmação da união conjugal. Deste modo, a perda de valores, e até a desagregação da família, podem transformar-se numa ocasião de fortalecimento do vínculo conjugal. Para superar a crise, pode servir de ajuda o apoio de outras famílias dispostas a acompanhar o caminho difícil do casal em crise. Em particular, frisa-se a necessidade de que a paróquia se torne próxima como uma família de famílias.

b) Situações críticas internas à família

Dificuldades de relação/comunicação

64. Há grande convergência da parte das respostas em frisar a dificuldade de relação e comunicação em família como um dos nós críticos relevantes. São evidenciadas a insuficiência e até a incapacidade de construir relações familiares devido ao sobrevir de tensões e conflitos entre os cônjuges, causados pela falta

de confiança recíproca e de intimidade, ao domínio de um cônjuge sobre o outro, mas também aos conflitos geracionais entre pais e filhos. O drama que se vive nestas situações é o progressivo desaparecimento da possibilidade de diálogo, de tempos e espaços de relação: a falta de partilha e de comunicação faz com que cada um enfrente as próprias dificuldades na solidão, sem qualquer experiência de ser amado e, por sua vez, de amar. Depois, em alguns contextos sociais a falta de experiência de amor, sobretudo do amor paterno, é frequente, o que dificulta bastante a experiência do amor de Deus e da sua paternidade. A debilidade da figura do pai em muitas famílias gera fortes desequilíbrios no núcleo familiar e incerteza identitária nos filhos. Sem a experiência diária de amor testemunhado, vivido e recebido torna-se particularmente difícil a descoberta da pessoa de Cristo como Filho de Deus e do amor de Deus Pai.

Fragmentação e desagregação

65. Mesmo que de formas diversas, as respostas testemunham que há em muitas circunstâncias uma fragmentação e desagregação de muitas realidades familiares; o drama que é mencionado constantemente e em primeiro lugar é o do divórcio e da separação do casal, por vezes favorecido pela pobreza. Entre as demais situações críticas mencionam-se realidades familiares alargadas, nas quais se veem multíplices relações invasivas, ou monoparentais (com mães solteiras ou adolescentes), as uniões de fato, mas também as uniões e

a genitorialidade homossexual (mencionada, sobretudo, na Europa e América do Norte). Em determinados contextos culturais, recorda-se com insistência a poligamia como um dos fatores desagregantes do tecido familiar. A isto se acrescenta o fechamento da família à vida. Muitos episcopados frisam com grande preocupação a difusão maciça da prática do aborto. Parece que em muitos aspectos a cultura dominante promove uma cultura de morte em relação à vida nascente. Estamos diante de uma cultura da indiferença em relação à vida. Por vezes, por parte dos Estados, não se contribui para uma tutela adequada dos vínculos familiares, mediante legislações que favoreçam o individualismo. Tudo isto gera entre as pessoas uma mentalidade superficial sobre temas de importância capital. Não poucas intervenções frisam como também uma mentalidade contraceptiva marca de fato negativamente as relações familiares.

Violência e abuso

66. Unânime e transversal nas respostas é também a referência à violência psicológica, física e sexual, e aos abusos cometidos em família sobretudo contra as mulheres e as crianças, um fenômeno infelizmente não ocasional, nem esporádico, particularmente em certos contextos. Recorda-se também o terrível fenômeno do feminicídio, com frequência ligado a profundos distúrbios relacionais e afetivos, em consequência de uma falsa cultura da posse. Trata-se de um dado deveras preocupante, que interroga toda a sociedade e a pastoral familiar da Igreja. A promiscuidade sexual

em família e o incesto são recordados explicitamente em certas áreas geográficas (África, Ásia e Oceania), assim como a pedofilia e o abuso contra crianças. A este propósito menciona-se também o autoritarismo por parte dos pais, que encontra expressão na falta de cuidado e atenção aos filhos. A falta de consideração pelas crianças junta-se ao abandono dos filhos e à carência repetidamente frisada do sentido de uma genitorialidade responsável, que se recusa não só a se ocupar, mas também a educar os filhos, abandonados totalmente a si mesmos.

67. Vários episcopados assinalam o drama do comércio e da exploração de crianças. A este propósito, afirma-se a necessidade de dedicar uma atenção particular à chaga do "turismo sexual" e à prostituição que explora os menores, sobretudo, nos países em vias de desenvolvimento, criando desequilíbrios no âmbito das famílias. Frisa-se que quer a violência doméstica, nos seus diversos aspectos, quer o abandono e a desagregação familiar, nas suas várias formas, tenham um impacto significativo na vida psicológica da pessoa e consequentemente na vida de fé, a partir do momento em que o trauma psicológico afeta de modo negativo a visão, a percepção e a experiência de Deus e do seu amor.

Dependências, mass media e social networks

68. Entre as diversas situações críticas internas à família são mencionadas insistentemente também

as dependências de álcool e drogas, mas também da pornografia, por vezes usada e partilhada em família, assim como do jogo de azar e de videojogos, internet e social *networks*. Em relação aos *mass media*, por um lado, frisa-se várias vezes o seu impacto negativo sobre a família, devido em particular à imagem de família veiculada e à oferta de antimodelos, que transmitem valores errados e desviantes. Por outro, insiste-se sobre os problemas de relação que os *mass media*, juntamente com os social *networks* e a internet, criam no âmbito da família. De fato, a televisão, o *smartphone* e o computador podem ser um impedimento real do diálogo entre os membros da família, alimentando relações fragmentadas e alienação: também em família se tende cada vez mais a comunicar através da tecnologia. Acaba-se assim por viver relações virtuais entre os membros da família, onde os meios de comunicação e o acesso à internet se substituem cada vez mais às relações. A este propósito, faz-se presente não só o risco da desagregação e da desunião familiar, mas também a possibilidade de que o mundo virtual se torne uma verdadeira realidade substitutiva (em particular na Europa, América do Norte e Ásia). É frequente nas respostas a acentuação de como também o tempo livre para a família seja capturado por estes instrumentos.

69. Além disso, é frisado o fenômeno crescente na era da internet do *overload* informativo (*information overloading*): o aumento exponencial da informação recebida, ao qual com frequência não corresponde um aumento da sua qualidade, juntamente com a impossi-

bilidade de verificar sempre a fidedignidade das informações disponíveis on-line. O progresso tecnológico é um desafio global para a família, em cujo âmbito causa rápidas mudanças de vida em relação aos valores, aos relacionamentos e aos equilíbrios internos. Por isso, os pontos críticos emergem com mais evidência onde falta em família uma educação adequada para o uso dos meios de comunicação e das novas tecnologias.

c) Pressões externas à família

A incidência do trabalho sobre a família

70. Nas respostas, é unânime a referência ao impacto do trabalho sobre os equilíbrios familiares. Em primeiro lugar, registra-se a dificuldade de organizar a vida familiar comum no contexto de uma incidência dominante do trabalho, que exige que a família seja cada vez mais flexível. Os ritmos de trabalho são intensos e em certos casos extenuantes; os horários são muitas vezes demasiado prolongados, e em alguns casos se alongam também ao domingo: tudo isto impede a possibilidade de estar junto. Devido a uma vida cada vez mais convulsa, os momentos de paz e de intimidade familiar tornam-se raros. Em algumas áreas geográficas, é evidenciado o preço que a família paga pelo crescimento e desenvolvimento econômico, ao qual se junta a repercussão muito mais ampla dos efeitos causados pela crise econômica e pela instabilidade do mercado de trabalho. A crescente precariedade do trabalho, juntamente com o aumento do desemprego e a consequente necessidade

de deslocamentos sempre mais longos para trabalhar, têm incidências pesadas sobre a vida familiar, produzindo entre outras coisas uma brandura das relações, um progressivo isolamento das pessoas com consequente crescimento de ansiedade.

71. Em diálogo com o Estado e com as entidades públicas designadas, espera-se da parte da Igreja uma ação de apoio concreto para um emprego digno, para salários justos, para uma política fiscal a favor da família, assim como a ativação de uma ajuda para as famílias e para os filhos. A este propósito, assinala-se a frequente falta de leis que tutelem a família no âmbito do trabalho e, em particular, a mulher-mãe trabalhadora. Além disso, constata-se que a área do apoio e do compromisso civil a favor das famílias é um âmbito no qual a ação comum, assim como a criação de redes com organizações, que perseguem objetivos semelhantes, é aconselhável e frutuosa.

O fenômeno migratório e a família

72. Em relação ao âmbito do trabalho, é frisada também a incidência que a migração produz no tecido familiar: para fazer frente aos problemas de subsistência, pais e, em medida crescente, mães veem-se obrigados a abandonar a família por motivos de trabalho. A distância de um dos pais tem consequências graves quer sobre os equilíbrios familiares, quer sobre a educação dos filhos. Ao mesmo tempo, recorda-se como o envio de dinheiro à família, por parte do pai ou mãe distan-

te, pode gerar uma espécie de dependência nos outros familiares. Em referência a esta situação, indica-se a necessidade de facilitar a reunião familiar através da promoção de políticas adequadas.

Pobreza e luta pela subsistência

73. Nas respostas e nas observações, é insistente e ampla a referência às dificuldades econômicas que afligem as famílias, assim como a falta de meios materiais, a pobreza e a luta pela subsistência. Trata-se de um fenômeno vasto, que não diz respeito só aos países em vias de desenvolvimento, mas é mencionado com insistência também na Europa e na América do Norte. Constata-se como, nos casos de pobreza extrema e crescente, a família se encontra a lutar pela subsistência, na qual concentra a maior parte das suas energias. Algumas observações pedem uma forte palavra profética da Igreja em relação à pobreza, que põe duramente à prova a vida familiar. Uma Igreja "pobre e para os pobres", afirma-se, não deveria deixar de erguer a sua voz neste âmbito.

Consumismo e individualismo

74. Entre as várias pressões culturais sobre a família mencionam-se, de modo constante, também o consumismo, que incide em grande medida sobre a qualidade das relações familiares, que se concentram cada vez mais no ter e não no ser. A mentalidade consumista é mencionada, em particular na Europa, também em referência ao "filho a qualquer custo" e os conse-

quentes métodos de procriação artificial. Além disso, mencionam-se o carreirismo e a competitividade como situações críticas que influenciam a vida familiar. Frisa--se, sobretudo no Ocidente, uma privatização da vida, da fé e da ética: à consciência e à liberdade individual confere-se o papel de instância absoluta de valores, que determina o bem e o mal. Além disso, recorda-se a influência de uma cultura "sensorial" e do efêmero. A este propósito, recordam-se as expressões do Papa Francisco sobre a cultura do provisório e do descarte, que incide em grande medida sobre a frágil perseverança das relações afetivas e muitas vezes é causa de profundo mal-estar e de precariedade da vida familiar.

Contratestemunhos na Igreja

75. Com frequência e com ampla difusão em nível geográfico, nas respostas é relevante a menção dos escândalos sexuais no âmbito da Igreja (pedofilia, sobretudo), mas também em geral a de uma experiência negativa com o clero ou com outras pessoas. Sobre-tudo na América do Norte e na Europa setentrional, denuncia-se uma perda relevante de credibilidade moral por causa dos escândalos sexuais. A isto se acrescenta o estilo de vida por vezes vistosamente abastado dos pres-bíteros, assim como a incoerência entre o que ensinam e a conduta de vida. É recordado ainda o comportamento daqueles fiéis que vivem e praticam a sua fé "de maneira teatral", evitando aquela verdade e humildade, que são exigidas pelo espírito evangélico. Em particular, frisa-se a percepção da rejeição em relação a pessoas separa-

das, divorciadas ou pais *single* por parte de algumas comunidades paroquiais, assim como o comportamento intransigente e pouco sensível de presbíteros ou, mais em geral, a atitude da Igreja, sentida em muitos casos como excludente, e não como de uma Igreja que acompanha e ampara. Neste sentido, sente-se a necessidade de uma pastoral aberta e positiva, que seja capaz de voltar a dar confiança na instituição, através de um testemunho credível de todos os seus membros.

d) Algumas situações particulares

O peso das expectativas sociais sobre o indivíduo

76. Paralelamente a estas situações críticas, internas e externas à família, outras se verificam em particulares áreas geográficas, como, por exemplo, na área asiática, e não só onde as fortes expectativas familiares e sociais incidem sobre a pessoa, desde a infância. O rendimento escolar e o valor excessivo atribuído aos títulos de estudo (*credentialism*) é considerado pela família o objetivo prioritário a ser alcançado. Além de sobrecarregar os filhos de expectativas, em algumas áreas, assinala-se o impacto negativo sobre a família da frequência dos cursos que se destinam à consecução de particulares metas formativas, depois dos horários escolares, até a noite, a fim de alcançar melhores resultados (*cram schools*). Nestes casos, disto ressentem a vida familiar e a vida de fé, assim como a falta de tempo livre para se dedicar às crianças, ao repouso e ao sono. A pressão das expectativas é por vezes tão forte que

comporta processos de exclusão social que chegam até ao suicídio. Por fim, recorda-se a dificuldade – derivante do específico contexto cultural e social – de enfrentar e falar abertamente, quer na sociedade, quer na Igreja, deste tipo de problemas.

O impacto das guerras

77. Em particular na África e no Oriente Médio, recorda-se o impacto da guerra sobre a família, que causa morte violenta, destruição das habitações, necessidade de fugir, abandonando tudo, para se refugiar noutras partes. Em referência a algumas regiões, é indicado também o efeito de desagregação social causado pela guerra, que por vezes inclui o constrangimento ao abandono da própria comunidade cristã e da fé, sobretudo por parte de inteiras famílias em situações de pobreza.

Disparidade de culto

78. Em algumas áreas geográficas – como na Ásia e no Norte da África –, devido à escassa percentagem de católicos, um grande número de famílias é composto por um cônjuge católico e por outro de outra religião. Algumas respostas, mesmo reconhecendo a grande riqueza dos casais mistos para a Igreja, evidenciam a dificuldade inerente à educação cristã dos filhos, especialmente onde a lei civil condiciona a pertença religiosa dos filhos ao casal. Por vezes a *disparidade* de culto em família configura-se como uma oportunidade ou como um desafio para o crescimento na fé cristã.

Outras situações críticas

79. Entre os fatores que incidem sobre as dificuldades familiares, além das doenças físicas, entre as quais a Aids, indicam-se: a doença mental, a depressão, a experiência da morte de um filho ou de um cônjuge. A este propósito, sente-se a necessidade de promover uma abordagem pastoral que se ocupe do contexto familiar, marcado por doença e luto, como momento particularmente oportuno para redescobrir a fé que ampara e conforta. Entre as situações críticas – em algumas áreas do mundo, determinadas pela diminuição da natalidade –, recordam-se também a difusão de seitas, as práticas esotéricas, o ocultismo, a magia e a feitiçaria.

Nas respostas constata-se que nenhum âmbito nem situação podem ser considerados *a priori* impermeáveis ao Evangelho. Resulta ser decisivo o acompanhamento e o acolhimento, por parte da comunidade cristã, das famílias mais vulneráveis, para as quais o anúncio do Evangelho da misericórdia é particularmente forte e urgente.

Capítulo III

AS SITUAÇÕES PASTORAIS DIFÍCEIS

a) Situações familiares

80. Das respostas sobressai a consideração comum de que, no âmbito daquelas que podem ser definidas como situações matrimoniais difíceis, escondem-se histórias de grande sofrimento, assim como testemunhos de amor sincero. "A Igreja está chamada a ser sempre a casa aberta do Pai. [...] a casa paterna na qual há lugar para todos com a sua vida cansativa" (*EG* 47). A verdadeira urgência pastoral é a de permitir que estas pessoas curem as feridas, sarem e retomem o caminho juntamente com toda a comunidade eclesial. A misericórdia de Deus não provê uma cobertura temporária do nosso mal, mas abre radicalmente a vida à reconciliação, conferindo-lhe renovada confiança e serenidade, mediante uma verdadeira renovação. A pastoral familiar, longe de se fechar num olhar legalista, tem a missão de recordar a grande vocação ao amor ao qual a pessoa está chamada e de ajudá-la a viver à altura da sua dignidade.

As convivências

81. Nas respostas recebidas de todas as áreas geográficas, releva-se o número crescente de casais que convivem *ad experimentum*, sem um matrimônio nem canônico nem civil e sem registro algum. Sobretudo na Europa e na América, o termo é considerado impróprio, porque com frequência não se trata de um "experimento", ou seja, de um período de prova, mas de uma forma estável de vida. Por vezes, o matrimônio é feito depois do nascimento do primeiro filho, de modo que as núpcias e o batismo celebram-se ao mesmo tempo. As estatísticas tendem a notar uma incidência elevada desta realidade: ressalta-se uma certa diferença entre as zonas rurais (convivências mais escassas) e as zonas urbanas (por exemplo, na Europa, Ásia, América Latina). A convivência é mais comum na Europa e na América do Norte, em crescimento na América Latina, quase inexistente nos países árabes, menor na Ásia. Em algumas regiões da América Latina, a convivência é mais um hábito rural, integrado na cultura indígena (*servinacuy*: matrimônio de prova). Na África pratica-se o matrimônio por etapas, ligado à comprovação da fecundidade da mulher, que implica uma espécie de vínculo entre as duas famílias em questão. No contexto europeu, as situações da convivência são muito diversificadas; por um lado, por vezes ressente-se da influência da ideologia marxista; noutras partes, configura-se como uma opção moral justificada.

82. Entre as razões sociais que levam à convivência registram-se: políticas familiares inadequadas para apoiar a família, problemas financeiros, o desemprego juvenil, a falta de uma casa. Estes e outros fatores originam a tendência a adiar o matrimônio. Neste sentido, desempenha um papel também o receio do compromisso a que obriga o acolhimento dos filhos (em particular na Europa e na América Latina). Muitos pensam que na convivência se possa "testar" o eventual bom êxito do matrimônio, antes de celebrar as núpcias. Outros indicam como motivo a favor da convivência, a escassa formação sobre o matrimônio. Para muitos outros ainda a convivência representa a possibilidade de viver juntos sem qualquer decisão definitiva ou comprometedora em nível institucional. Entre as linhas de ação pastoral propostas, encontramos as seguintes: oferecer, desde a adolescência, um percurso que aprecie a beleza do matrimônio, formar agentes pastorais sobre os temas do matrimônio e da família. É indicado também o testemunho de grupos de jovens que se preparam para o matrimônio com um noivado vivido na castidade.

As uniões de fato

83. Com muita frequência, as convivências *ad experimentum* correspondem a uniões livres de fato, sem reconhecimento civil ou religioso. Deve-se ter em consideração que, em alguns países, o reconhecimento civil de tais formas não equivale ao matrimônio, enquanto existe uma legislação específica sobre as uniões livres de fato. Não obstante isto, aumenta o número

de casais que não pedem qualquer forma de registro. Nos países ocidentais – recorda-se – a sociedade já não vê esta situação como problemática. Em outros, ao contrário (por exemplo, nos países árabes), ainda é muito raro um matrimônio sem reconhecimento civil e religioso. Entre os motivos de tal situação indicam-se, principalmente nos países ocidentais: a falta de ajuda por parte do Estado, para o qual a família já não tem um valor particular; a percepção do amor como fato privado, sem um papel público; a falta de políticas familiares, pelo que se entende o casamento como uma perda econômica. Um problema particular é constituído pelos imigrantes, sobretudo quando são ilegais, porque têm medo de ser identificados como tais se procuram o reconhecimento público do seu matrimônio.

84. Ligada ao modo de vida do Ocidente, mas difundida também em outros países, manifesta-se uma ideia de liberdade que considera o vínculo matrimonial uma perda da liberdade da pessoa; incide a escassa formação dos jovens, os quais não pensam que é possível um amor para a vida inteira; além disso, os meios de comunicação promovem amplamente este estilo de vida entre os jovens. Frequentemente, a convivência e as uniões livres são sintoma do fato de que os jovens tendem a prolongar a sua adolescência e pensam que o matrimônio é demasiado comprometedor, e sentem medo diante de uma aventura demasiado grande para eles (cf. Papa Francisco, *Discurso aos noivos,* 14 de fevereiro de 2014).

85. A este propósito, entre as possíveis linhas de ação pastoral considera-se essencial ajudar os jovens a sair de uma visão romântica do amor, entendido apenas como um sentimento intenso pelo outro, e não como resposta pessoal a uma outra pessoa, no âmbito de um projeto comum de vida, no qual se descerram um grande mistério e uma grande promessa. Os percursos pastorais devem assumir a educação para a afetividade, mediante um processo remoto que comece já na infância, assim como um apoio aos jovens nas fases do noivado, demonstrando o seu relevo comunitário e litúrgico. É necessário ensiná-los a abrir-se ao mistério do Criador, que se manifesta no seu amor, para que compreendam o alcance do seu consenso; é preciso recuperar o vínculo entre família e sociedade, para sair de uma visão isolada do amor; enfim, deve-se transmitir aos jovens a certeza de que não estão sozinhos na construção da própria família, porque a Igreja os acompanha como "família de famílias". A este propósito, é decisiva a dimensão da "companhia", mediante a qual a Igreja se manifesta como presença amorosa, que cuida de modo particular dos noivos, encorajando-os a fazer-se companheiros de caminho, entre si e com os outros.

Separados, divorciados e divorciados recasados

86. Das respostas resulta que a realidade de separados, divorciados e divorciados recasados é relevante tanto na Europa como em toda a América; muito menos na África e na Ásia. Considerando o fenômeno crescente destas situações, muitos pais estão preocupados com

o futuro dos seus filhos. Além disso, observa-se que o número crescente de conviventes torna o problema dos divórcios menos relevante: gradualmente, as pessoas divorciam-se menos, porque na realidade tendem a casar-se cada vez menos. Em determinados contextos, a situação é diferente: não há divórcio porque não há matrimônio civil (nos países árabes e em alguns países da Ásia).

Os filhos e quantos permanecem sozinhos

87. Outra questão levantada diz respeito aos filhos dos separados e dos divorciados. Observa-se que da parte da sociedade falta uma atenção no que se lhes refere. Sobre eles incumbe o peso dos conflitos matrimoniais, dos quais a Igreja está chamada a ocupar-se. Também os pais dos divorciados, que sofrem as consequências da ruptura do matrimônio e muitas vezes devem responder às dificuldades da situação destes filhos, têm de ser sustentados por parte da Igreja. Acerca dos divorciados e dos separados que permanecem fiéis ao vínculo matrimonial, pede-se ainda atenção pela sua situação que muitas vezes é vivida na solidão e na pobreza. Resulta que também eles são os "novos pobres".

As mães solteiras

88. É necessário prestar uma atenção particular às mães que não têm marido e que cuidam sozinhas dos filhos. A sua condição é frequentemente o resultado de histórias muito dolorosas, não raro de abandono. É preciso admirar sobretudo o amor e a coragem com

que acolheram a vida concebida no seu ventre e com que se ocupam do crescimento e da educação dos seus filhos. Da parte da sociedade civil elas merecem uma ajuda especial, que tenha em consideração os numerosos sacrifícios que enfrentam. Além disso, a comunidade cristã deve prestar-lhes uma solicitude que as leve a sentir a Igreja como uma verdadeira família dos filhos de Deus.

Situações de irregularidade canônica

89. Em linha geral, em várias áreas geográficas, as respostas concentram-se principalmente sobre os divorciados recasados, ou, contudo, em nova união. Entre aqueles que vivem em situação canonicamente irregular, subsistem diversas atitudes, que vão da falta de consciência da própria situação à indiferença, ou então a um sofrimento consciente. As atitudes dos divorciados em nova união são bastante semelhantes nos diversos contextos regionais, com um relevo particular na Europa e na América, e menor na África. A este propósito, algumas respostas atribuem esta situação à formação carente ou à escassa prática religiosa. Na América do Norte, as pessoas pensam muitas vezes que a Igreja não é mais uma guia moral fiável, acima de tudo no que se refere às questões da família, considerada matéria particular sobre a qual se deve decidir autonomamente.

90. Bastante consistente é o número daqueles que consideram com menosprezo a própria situação irregular. Neste caso, não há qualquer pedido de admissão

à comunhão eucarística, nem de poder celebrar o sacramento da reconciliação. A consciência da situação irregular manifesta-se muitas vezes quando intervém o desejo da iniciação cristã para os filhos, ou quando sobrevém o pedido de participação numa celebração de batismo ou crisma como padrinho ou madrinha. Às vezes, pessoas adultas que chegam a uma fé pessoal e consciente, no caminho catequético ou quase catecumenal, descobrem o problema da sua irregularidade. Sob o ponto de vista pastoral, estas situações são consideradas uma boa oportunidade para começar um itinerário de regularização, principalmente nos casos das convivências. Uma situação diferente é indicada na África, não tanto em relação aos divorciados em nova união, mas em relação à prática da poligamia. Existem casos de convertidos para os quais é difícil abandonar a segunda ou terceira esposa, com as quais já têm filhos, e que desejam participar na vida eclesial.

91. Antes de abordar a questão do sofrimento ligado à impossibilidade de receber os sacramentos por parte daqueles que se encontram em situação de irregularidade, é indicado um sofrimento mais originário, do qual a Igreja deve ocupar-se, ou seja, o sofrimento vinculado à falência do matrimônio e à dificuldade de regularizar a situação. Nesta crise alguns relevam o desejo de se dirigir à Igreja para obter ajuda. O sofrimento parece muitas vezes ligado aos vários níveis de formação – como indicam diversas conferências episcopais na Europa, África e América. Frequentemente não se entende a relação intrínseca entre matrimônio, eucaristia

e penitência; portanto, é muito difícil compreender por que motivo a Igreja não admite à comunhão aqueles que se encontram numa condição irregular. Os percursos catequéticos sobre o matrimônio não explicam suficientemente este vínculo. Em algumas respostas (América, Europa do Leste e Ásia), evidencia-se como por vezes se julga erroneamente que o divórcio como tal, mesmo que não se viva em nova união, torna automaticamente impossível aceder à comunhão. Deste modo permanece--se, sem motivo algum, desprovido dos sacramentos.

92. O sofrimento causado pela não recepção dos sacramentos está claramente presente nos batizados que estão conscientes da própria situação. Muitos se sentem frustrados e marginalizados. Alguns se perguntam por que motivo outros pecados são perdoados e este não; ou, então, por que os religiosos e os sacerdotes que receberam a dispensa dos seus votos e dos ônus presbiterais podem celebrar o matrimônio, receber a comunhão, e os divorciados recasados não. Tudo isto põe em evidência a necessidade de uma formação e informação oportunas. Em outros casos, não se compreende como a própria situação irregular é motivo para não poder receber os sacramentos; ao contrário, considera-se que a culpa é da Igreja, que não admite tais circunstâncias. Nisto, indica-se também o risco de uma mentalidade reivindicativa em relação aos sacramentos. Além disso, é muito preocupante a incompreensão da disciplina da Igreja, quando nega o acesso aos sacramentos em tais casos, como se se tratasse de uma punição. Um grande número de conferências episcopais sugere que se ajudem

as pessoas em situação canonicamente irregular a não se considerarem "separados da Igreja, podendo, e melhor devendo, enquanto batizados, participar na sua vida" (*FC* 84). Além disso, há respostas e observações, da parte de algumas conferências episcopais, que salientam a necessidade de que a Igreja se dote de instrumentos pastorais mediante os quais abrir a possibilidade de exercer uma misericórdia, clemência e indulgência mais amplas em relação às novas uniões.

Sobre o acesso aos sacramentos

93. A respeito do acesso aos sacramentos, evidenciam-se reações diferenciadas por parte dos fiéis divorciados recasados. Na Europa (mas também nalguns países da América Latina e da Ásia), prevalece a tendência a resolver a questão através de alguns sacerdotes que aceitem o pedido de acesso aos sacramentos. A este propósito, indica-se (em particular na Europa e na América Latina) um modo diferente de responder por parte dos pastores. Por vezes, estes fiéis afastam-se da Igreja ou passam para outras confissões cristãs. Em vários países, não apenas europeus, para muitas pessoas esta solução individual não é suficiente, uma vez que elas aspiram a uma readmissão pública aos sacramentos por parte da Igreja. O problema não consiste tanto em não poder receber a comunhão, mas no fato de que a Igreja não as admite publicamente à comunhão, de forma que parece que estes fiéis simplesmente rejeitam ser considerados em situação irregular.

94. Nas comunidades eclesiais estão presentes pessoas que, encontrando-se em situação canonicamente irregular, pedem que sejam recebidas e acompanhadas na sua condição. Isto acontece especialmente quando se procura tornar razoável o ensinamento da Igreja. Em circunstâncias semelhantes, é possível que tais fiéis vivam a sua condição sustentados pela misericórdia de Deus, da qual a Igreja se faz instrumento. Outros ainda, como é indicado por algumas conferências episcopais da área euro-atlântica, aceitam o compromisso de viver em continência (cf. *FC* 84).

95. Muitas das respostas recebidas indicam que em numerosos casos se encontra um pedido claro para poder receber os sacramentos da eucaristia e da penitência, de modo especial na Europa, na América e em alguns países da África. O pedido torna-se mais insistente sobretudo por ocasião da celebração dos sacramentos por parte dos filhos. Às vezes, deseja-se a admissão à comunhão como que para serem "legitimados" pela Igreja, eliminando o sentido de exclusão ou de marginalização. A respeito disto, alguns sugerem que se considere a prática de determinadas Igrejas ortodoxas que, na sua opinião, abre caminho para um segundo ou terceiro matrimônio, com caráter penitencial; a este propósito, dos países de maioria ortodoxa indica-se que a experiência de tais soluções não impede o aumento dos divórcios. Outros pedem para esclarecer se a questão é de índole doutrinal ou apenas disciplinar.

Outros pedidos

96. Em muitos casos, indicados de modo particular na Europa e na América do Norte, pede-se que se facilite o procedimento em vista da nulidade matrimonial; a este propósito, indica-se a necessidade de aprofundar a questão da relação entre fé e sacramento do matrimônio – como foi sugerido diversas vezes por Bento XVI. Nos países de maioria ortodoxa indica-se o caso de católicos que voltam a casar na Igreja ortodoxa, segundo a prática nela em vigor, e depois pedem para se aproximar da comunhão na Igreja Católica. Finalmente, outras instâncias apresentam o pedido de especificar a prática que devem seguir nos casos de matrimônios mistos, nos quais o cônjuge ortodoxo já foi casado e obteve da Igreja ortodoxa autorização para as segundas núpcias.

Sobre os separados e os divorciados

97. Em várias respostas e observações põe-se em evidência a necessidade de prestar mais atenção aos separados e aos divorciados não recasados, fiéis ao vínculo nupcial. Parece que eles muitas vezes devem acrescentar ao sofrimento da falência matrimonial a dor de não serem considerados convenientemente pela Igreja e, portanto, de serem descuidados. Observa-se que também eles enfrentam as suas dificuldades e a necessidade de serem acompanhados pastoralmente. Além disso, faz-se presente a importância de verificar a eventual nulidade matrimonial, com atenção particular por parte dos pastores, com a finalidade de

não introduzir causas sem um discernimento atento. Neste contexto encontram-se pedidos para promover em maior medida uma pastoral da reconciliação, que assuma as possibilidades de reunir os cônjuges separados. Alguns observarão que a aceitação corajosa da condição de separados que permaneceram fiéis ao vínculo, marcada por sofrimento e solidão, constitui um grande testemunho cristão.

Simplificação das causas matrimoniais

98. Existe um amplo pedido de simplificação da prática canônica das causas matrimoniais. As posições são diversificadas: algumas afirmam que a simplificação não seria um remédio válido; outras, a favor da simplificação, convidam a explicar bem a natureza do processo de declaração de nulidade, para uma melhor compreensão do mesmo por parte dos fiéis.

99. Algumas convidam à prudência, indicando o risco de que mediante tal simplificação, e facilitando ou reduzindo os passos previstos, se produzam injustiças e erros, se dê a impressão de não respeitar a indissolubilidade do sacramento, se favoreça o abuso e se impeça a formação dos jovens para o matrimônio como compromisso para a vida inteira, se alimente a ideia de um "divórcio católico". Propõem, ao contrário, que se prepare um número adequado de pessoas qualificadas para seguir os casos; e, na América Latina, África e Ásia, apresenta-se o pedido para incrementar o número de tribunais – ausentes em muitas regiões – e

para conceder maior autoridade às instâncias locais, formando melhor os sacerdotes. Outras respostas relativizam a relevância de tal possibilidade de simplificação, enquanto muitas vezes os fiéis aceitam a validade do seu matrimônio, reconhecendo que se trata de uma falência e não consideram honesto pedir a declaração de nulidade. Contudo, muitos fiéis consideram válido o seu primeiro matrimônio, porque não conhecem os motivos de invalidade. Às vezes, por parte daqueles que se divorciaram, sobressai a dificuldade de rever o passado, que poderia reabrir feridas dolorosas pessoais e para o cônjuge.

100. Muitos apresentam pedidos relativos à simplificação: processo canônico facilitado e mais rápido, concessão de maior autoridade ao bispo local, maior acesso de leigos como juízes e redução do custo econômico do processo. Em particular, alguns propõem que se volte a considerar se é verdadeiramente necessária a dupla sentença, pelo menos quando não há pedido de apelo, obrigando, contudo, o defensor do vínculo ao apelo em determinados casos. Propõe-se também que se descentralize a terceira instância. Em todas as áreas geográficas, pede-se um delineamento mais pastoral nos tribunais eclesiásticos, com maior atenção espiritual em relação às pessoas.

101. Nas respostas e nas observações, tendo em consideração a vastidão do problema pastoral das falências matrimoniais, pergunta-se se é possível fazer frente ao mesmo unicamente por via processual judicial.

Apresenta-se a proposta de empreender um percurso administrativo. Em alguns casos propõe-se que se proceda a uma verificação da consciência das pessoas interessadas na averiguação da nulidade do vínculo. A questão é se existem outros instrumentos pastorais para verificar a validade do matrimônio, por parte de presbíteros para isto eleitos. Em geral, solicita-se uma maior formação específica dos agentes pastorais neste campo, de modo que os fiéis possam ser oportunamente ajudados.

102. Uma formação mais adequada dos fiéis em relação aos processos de nulidade ajudaria, em determinados casos, a eliminar dificuldades, como, por exemplo, a de pais que receiam que um matrimônio nulo torne ilegítimos os filhos – indicada por algumas conferências episcopais africanas. Em muitas respostas insiste-se sobre o fato de que simplificar o processo canônico só é útil se se enfrentar a pastoral familiar de modo integral. Da parte de algumas conferências episcopais asiáticas, assinala-se o caso de matrimônios com não cristãos, que não desejam cooperar para o processo canônico.

A atenção às situações difíceis

103. A caridade pastoral impele a Igreja a acompanhar as pessoas que passaram por uma falência matrimonial e a ajudá-las a viver a sua situação com a graça de Cristo. Uma ferida mais dolorosa abre-se para as pessoas que voltam a casar-se, entrando numa

condição de vida que não lhes permite o acesso à comunhão. Sem dúvida, nestes casos a Igreja não deve assumir a atitude de juiz que condena (cf. Papa Francisco, *Homilia,* 28 de fevereiro de 2014), mas a de uma mãe que acolhe sempre os seus filhos e cuida das suas feridas em vista da cura (cf. *EG* 139-141). Com grande misericórdia, a Igreja é chamada a encontrar formas de "companhia" com as quais apoiar estes seus filhos num percurso de reconciliação. Com compreensão e paciência, é importante explicar que a impossibilidade de aceder aos sacramentos não significa ser excluídos da vida cristã e da relação com Deus.

104. Em relação a estas situações complexas, da parte de muitas respostas, salienta-se a falta de um serviço de assistência específica para estas pessoas nas dioceses. Muitas conferências episcopais recordam a importância de oferecer a estes fiéis uma participação concreta na vida da Igreja, através de grupos de oração, de momentos litúrgicos e de atividades caritativas. Além disso, indicam-se algumas iniciativas pastorais, como, por exemplo, uma bênção pessoal para quem não pode receber a eucaristia, ou o encorajamento da participação dos filhos na vida paroquial. Realça-se o papel dos movimentos de espiritualidade conjugal, das ordens religiosas e das comissões paroquiais para a família. É significativa a recomendação da prece pelas situações difíceis, no âmbito das liturgias paroquiais e diocesanas na oração universal.

Não praticantes e não crentes que pedem o matrimônio

105. No contexto das situações difíceis, a Igreja interroga-se inclusive sobre a obra pastoral a empreender em relação àqueles batizados que, embora não sejam praticantes nem crentes, pedem para poder celebrar o seu matrimônio na igreja. A quase totalidade das respostas evidenciou que é muito mais comum o caso de dois católicos não praticantes que decidem contrair matrimônio religioso do que dois não crentes declarados, que pedem este mesmo sacramento. Esta última eventualidade, embora não se julgue impossível, é considerada muito remota. Mais comum, ao contrário, é o pedido de celebração canônica entre dois nubentes, dos quais apenas um é católico, e muitas vezes não praticante. As motivações que induzem os católicos não praticantes a restabelecer os contatos com as respectivas paróquias, em vista da celebração do matrimônio, em conformidade com todas as respostas que abordam este ponto, na maioria dos casos, residem no fascínio ligado à "estética" da celebração (atmosfera, sugestão, serviço fotográfico etc.) e, igualmente, num condicionamento proveniente da tradição religiosa das famílias de pertença dos nubentes. Muitas vezes a festa e os aspectos exteriores tradicionais prevalecem sobre a liturgia e sobre a essência cristã da celebração. A unanimidade das respostas indica esta oportunidade como uma ocasião propícia para a evangelização do casal, recomendando neste sentido os máximos acolhimento e disponibilidade por parte dos párocos e dos agentes da pastoral familiar.

106. Segundo um notável número de respostas, e ainda mais de observações de diversas proveniências geográficas, a preparação para o matrimônio religioso não deveria comportar apenas momentos catequéticos, mas também ocasiões de intercâmbio e de conhecimento entre as pessoas, que os pastores poderiam favorecer em maior medida. Por outro lado, várias respostas, tanto do Oriente como do Ocidente, encontraram uma certa frustração por parte de alguns párocos, ao ver com muita frequência um insucesso inegável do seu esforço pastoral, dado que um número muito limitado de casais continua a manter uma certa relação com a paróquia de referência, depois da celebração do matrimônio.

107. Muitas respostas denunciaram uma difundida inadequação dos atuais caminhos formativos matrimoniais, levando os nubentes a uma verdadeira visão de fé. Os encontros, na maioria dos casos, são estabelecidos e considerados como unicamente funcionais à recepção do sacramento. Precisamente porque entre os não praticantes, no final do acompanhamento formativo prévio para recepção do matrimônio, foi encontrada uma alta percentagem de retorno ao estado de vida precedente, sentiu-se a necessidade – especialmente na América Latina – de melhorar, incentivar e aprofundar a pastoral e a evangelização das crianças e da juventude em geral. Quando um casal de crentes não praticantes volta a entrar em contato com a paróquia, para a celebração do matrimônio, evidencia-se de várias partes que o tempo para retomar um autêntico caminho de

fé não é suficiente, mesmo participando nos encontros pré-matrimoniais.

108. Com efeito, segundo a maioria das respostas, julga-se imprescindível a necessidade de apoiar o casal também depois do matrimônio, através de encontros específicos de acompanhamento. Além disso, especialmente pelas conferências episcopais da Europa ocidental e meridional, foi confirmada com uma certa força a necessidade de avaliar, em particulares casos de imaturidade por parte dos nubentes, a escolha de se casar sem a celebração da eucaristia. Em conformidade com alguns episcopados da Europa do Norte e da América setentrional, quando se está diante da evidência de que o casal não compreende ou não aceita os ensinamentos basilares da Igreja a respeito dos bens do matrimônio e dos relativos compromissos, seria oportuno sugerir que se adie a celebração das núpcias, mesmo sabendo já antecipadamente que com este tipo de proposta se induz a incompreensões e a maus humores. Tal solução comportaria também o perigo de um rigorismo pouco misericordioso.

109. Alguns episcopados da Ásia oriental e meridional mencionam que exigem como pré-requisito para a celebração do matrimônio uma participação concreta na vida pastoral da paróquia. Contudo, também nesta situação se verificou, na maioria dos casos, a cessação de tal participação, depois da celebração do sacramento. Geralmente verifica-se uma falta de homogeneidade universal, já no contexto de cada diocese, no

que diz respeito à cura, à preparação e à organização dos encontros formativos precedentes à celebração do matrimônio. Quase sempre tudo é confiado às iniciativas, felizes ou não, dos pastores individualmente. Uma conferência episcopal europeia traça o estilo e o modo como se deveriam realizar os encontros em preparação para o matrimônio, através de uma sequência de verbos programáticos: propor, não impor; acompanhar, não impelir; convidar, não expulsar; inquietar, nunca desiludir.

b) Sobre as uniões entre pessoas do mesmo sexo

Reconhecimento civil

110. Nas respostas das conferências episcopais acerca das uniões entre pessoas do mesmo sexo, há referências ao ensinamento da Igreja. "Não existe nenhum fundamento para equiparar ou estabelecer analogias, mesmo remotas, entre as uniões homossexuais e o plano de Deus sobre o matrimônio e a família. [...] No entanto, os homens e as mulheres com tendências homossexuais "devem ser acolhidos com respeito, compaixão e delicadeza. Deve evitar-se, para com eles, qualquer atitude de injusta discriminação" (CDF, *Considerações sobre os projetos de reconhecimento legal das uniões entre pessoas homossexuais*, 4). Das respostas pode-se deduzir que o reconhecimento por parte da lei civil das uniões entre pessoas do mesmo sexo depende em grande parte do contexto sociocultural, religioso e político. As conferências episcopais assinalam três contextos:

um primeiro é aquele no qual prevalece uma atitude repressiva e penalizadora em relação ao fenômeno da homossexualidade em todos os seus aspectos. Isto é válido de modo particular onde a manifestação pública da homossexualidade é proibida pela lei civil. Algumas respostas indicam que também neste contexto existem formas de acompanhamento espiritual de indivíduos homossexuais que procuram a ajuda da Igreja.

111. Um segundo contexto é aquele em que o fenômeno da homossexualidade apresenta uma situação fluida. O comportamento homossexual não é punido, mas tolerado somente enquanto não se torna visível ou público. Neste contexto, geralmente não existe uma legislação civil relativa às uniões entre pessoas do mesmo sexo. Mas especialmente no Ocidente, no âmbito político, existe uma orientação crescente em vista da aprovação de leis que preveem as uniões registradas ou o chamado matrimônio entre pessoas do mesmo sexo. A favor de tal visão aduzem-se motivos de não discriminação; atitude que é entendida pelos crentes e por grande parte da opinião pública, na Europa centro-oriental, como uma imposição por parte de uma cultura política ou alheia.

112. Um terceiro contexto é aquele em que os Estados introduziram uma legislação que reconhece as uniões civis ou os matrimônios entre pessoas homossexuais. Existem países nos quais se deve falar de uma verdadeira redefinição do matrimônio, que reduz a perspectiva sobre o casal a alguns aspectos jurídicos

como a igualdade dos direitos e da "não discriminação", sem que haja um diálogo construtivo sobre as relativas questões antropológicas e sem que no centro esteja o bem integral da pessoa humana, de modo particular o bem integral das crianças no seio destas uniões. Onde existe uma equiparação jurídica entre matrimônio heterossexual e homossexual, o Estado muitas vezes permite a adoção de filhos (filhos naturais de um dos parceiros, ou filhos nascidos através de fecundação artificial). Este contexto está particularmente presente na área anglófona e na Europa central.

A avaliação das Igrejas particulares

113. Todas as conferências episcopais se expressaram contra uma "redefinição" do matrimônio entre homem e mulher, através da introdução de uma legislação que permita a união entre duas pessoas do mesmo sexo. Existem amplos testemunhos dados pelas conferências episcopais acerca de um equilíbrio entre o ensinamento da Igreja sobre a família e uma atitude respeitosa e não julgadora em relação às pessoas que vivem nestas uniões. No seu conjunto, tem-se a impressão de que as reações extremas a tais uniões, tanto de condescendência como de intransigência, não facilitaram o desenvolvimento de uma pastoral eficaz, fiel ao Magistério e misericordiosa para com as pessoas interessadas.

114. Um fator que indubitavelmente interroga a ação pastoral da Igreja e torna complexa a busca de

uma atitude equilibrada em relação a esta realidade é a promoção da ideologia do *gender*, que em algumas regiões tende a influenciar até o âmbito educacional primário, difundindo uma mentalidade que, por detrás da ideia de remoção da homofobia, na realidade propõe uma subversão da identidade sexual.

115. A propósito das uniões entre pessoas do mesmo sexo, muitas conferências episcopais oferecem diversas informações. Nos países em que existe uma legislação das uniões civis, muitos fiéis exprimem-se a favor de uma atitude respeitosa e não julgadora em relação a estas pessoas, e em benefício de uma pastoral que procure acolhê-las. No entanto, isto não significa que os fiéis estão a favor de uma equiparação entre matrimônio heterossexual e uniões civis entre pessoas do mesmo sexo. Algumas respostas e observações exprimem a preocupação de que o acolhimento na vida eclesial das pessoas que vivem nestas uniões poderia ser interpretado como um reconhecimento da sua união.

Algumas indicações pastorais

116. A respeito da possibilidade de uma pastoral a favor destas pessoas, é necessário distinguir entre aquelas que fizeram uma escolha pessoal, muitas vezes atormentada, e que a vivem com delicadeza para não provocar escândalo, e um comportamento de promoção e publicidade concreta, frequentemente agressiva. Muitas conferências episcopais sublinham que, sendo o fenômeno relativamente recente, não existem pro-

gramas pastorais a este propósito. Outras admitem um certo embaraço diante do desafio de ter que conjugar o acolhimento misericordioso das pessoas e a afirmação do ensinamento moral da Igreja com uma cura pastoral apropriada, que inclua todas as dimensões da pessoa. Alguns recomendam que não se faça coincidir a identidade de uma pessoa com expressões como "gay", "lésbica" ou "homossexual".

117. Muitas respostas e observações exigem uma avaliação teológica que dialogue com as ciências humanas, para desenvolver uma visão mais diferenciada do fenômeno da homossexualidade. Não faltam pedidos de que se aprofundem, também através de organismos específicos, como, por exemplo, as Pontifícias Academias das Ciências e para a Vida, os sentidos antropológico e teológico da sexualidade humana e da diferença sexual entre homem e mulher, capaz de fazer frente à ideologia do *gender*.

118. O grande desafio será o desenvolvimento de uma pastoral que consiga manter o justo equilíbrio entre acolhimento misericordioso das pessoas e acompanhamento gradual rumo a uma autêntica maturidade humana e cristã. Neste contexto, algumas conferências episcopais fazem referência a determinadas organizações como modelos bem-sucedidos de tal pastoral.

119. De modo cada vez mais urgente, apresenta-se o desafio da educação sexual nas famílias e nas instituições escolares, particularmente nos países onde o Estado tende a propor, nas escolas, uma visão unila-

teral e ideológica da identidade de gênero. Nas escolas ou nas comunidades paroquiais, dever-se-iam ativar programas formativos para propor aos jovens uma visão adequada da maturidade afetiva e cristã, nos quais enfrentar também o fenômeno da homossexualidade. Ao mesmo tempo, as observações demonstram que ainda não existe um consenso na vida eclesial a respeito das modalidades concretas do acolhimento das pessoas que vivem em tais uniões. O primeiro passo de um processo lento seria o da informação e da identificação de critérios de discernimento, não somente em nível dos ministros e dos agentes pastorais, mas também no plano dos grupos ou movimentos eclesiais.

Transmissão da fé às crianças em uniões de pessoas do mesmo sexo

120. Deve-se constatar que as respostas recebidas se pronunciam contra uma legislação que permita a adoção de filhos por parte de pessoas em união do mesmo sexo, porque veem em perigo o bem integral do filho, que tem direito a ter uma mãe e um pai, como foi recordado recentemente pelo Papa Francisco (cf. *Discurso à delegação do departamento internacional católico da infância*, 11 de abril de 2014). Todavia, caso as pessoas que vivem nestas uniões peçam o batismo para o filho, as respostas, quase unanimemente, ressaltam que o filho deve ser acolhido com as mesmas atenção, ternura e solicitude que recebem os outros filhos. Muitas respostas indicam que seria útil receber diretrizes pastorais mais concretas para estas situações. É evidente que

a Igreja tem o dever de averiguar as condições reais em vista da transmissão da fé ao filho. Caso se alimentem dúvidas racionais sobre a capacidade efetiva de educar cristãmente o filho por parte de pessoas do mesmo sexo, deve-se garantir o apoio adequado – como de resto é exigido de qualquer outro casal que pede o batismo para os seus filhos. Neste sentido, uma ajuda poderia vir também de outras pessoas presentes no seu ambiente familiar e social. Nestes casos, a preparação para o eventual batismo do filho será particularmente cuidada pelo pároco, também com uma atenção específica na escolha do padrinho e da madrinha.

III Parte

A ABERTURA À VIDA
E A RESPONSABILIDADE
EDUCATIVA

Capítulo I

OS DESAFIOS PASTORAIS ACERCA DA ABERTURA À VIDA

121. Em referência ao tema da abertura à vida, nas últimas décadas foram levantadas objeções radicais. Neste campo tocam-se dimensões e aspectos muito íntimos da existência, acerca dos quais se salientam as diferenças substanciais entre uma visão cristã da vida e da sexualidade, e um delineamento fortemente secularizado. Além disso, já Paulo VI, publicando a Carta Encíclica *Humanae Vitae*, estava consciente das dificuldades que as suas afirmações poderiam ter suscitado naquela época. Assim, por exemplo, naquele documento escrevia: "É de prever que estes ensinamentos não serão, talvez, acolhidos por todos facilmente: são muitas as vozes, amplificadas pelos meios modernos de propaganda, que estão em contraste com a da Igreja. Para dizer a verdade, ela não se surpreende de ser, à semelhança do seu divino fundador, "objeto de contradição"; mas nem por isso ela deixa de proclamar, com humilde firmeza, toda a lei moral, tanto a natural como a evangélica" (*HV* 18).

122. A Encíclica *Humanae Vitae* teve um significado indubitavelmente profético ao confirmar a união inseparável entre o amor conjugal e a transmissão da

vida. A Igreja é chamada a anunciar a fecundidade do amor, na luz daquela fé que "ajuda a reconhecer em toda a sua profundidade e riqueza a geração dos filhos, porque faz reconhecer nela o amor criador que nos dá e nos entrega o mistério de uma nova pessoa" (*LF* 52). Muitas das dificuldades evidenciadas por respostas e observações põem em evidência a dificuldade do homem contemporâneo no que diz respeito ao tema dos afetos, da geração da vida, da reciprocidade entre o homem e a mulher, da paternidade e da maternidade.

Conhecimento e recepção do Magistério sobre a abertura à vida

123. As respostas relativas ao conhecimento da doutrina da Igreja sobre a abertura dos esposos à vida, com referência particular à *Humanae Vitae*, descrevem de modo realista o fato de que ela, na grande maioria dos casos, não é conhecida na sua dimensão positiva. Os que afirmam que a conhecem, pertencem, sobretudo, a associações e grupos eclesiais particularmente comprometidos nas paróquias ou em caminhos de espiritualidade familiar. Na grande maioria das respostas recebidas evidencia-se como a avaliação moral dos diferentes métodos de regulação dos nascimentos é hoje entendida pela mentalidade comum como uma ingerência na vida íntima do casal e como um limite para a autonomia da consciência. Sem dúvida, existem diferenciações de posição e atitudes diversas entre os crentes, no que diz respeito a esta temática, em conformidade com os contextos geográficos e sociais, entre os

que se encontram imersos em culturas fortemente secularizadas e tecnicamente avançadas, e os que vivem em contextos simples e rurais. A maior parte das respostas dá a impressão de que para muitos católicos o conceito de "paternidade e maternidade responsável" inclui a responsabilidade compartilhada de escolher conscientemente o método mais adequado para a regulação dos nascimentos, com base numa série de critérios que vão da eficácia à tolerabilidade física, passando pela praticabilidade real.

124. Principalmente nas observações, salienta-se a dificuldade de entender a distinção entre os métodos naturais de regulação da fertilidade e a contracepção, a tal ponto que geralmente esta diferença é traduzida mediaticamente com a terminologia de métodos contraceptivos "naturais" e "não naturais". Assim, compreende-se por que motivo tal distinção é sentida como improvável e os métodos "naturais" são considerados simplesmente ineficazes e impraticáveis. Os métodos naturais para a regulação da fertilidade não são "técnicas" naturais que se aplicam a um problema para o resolver: eles respeitam a "ecologia humana", a dignidade da relação sexual entre os cônjuges, e inserem-se numa visão da conjugalidade aberta à vida. Neste sentido, diferenciam-se da contracepção, e a experiência demonstra a eficácia da sua utilização.

125. Respostas e observações relevam como é entendida de modo forte a diferença entre métodos contraceptivos "abortivos" e "não abortivos". Com frequência,

este é o critério de juízo utilizado a respeito da bondade moral dos diferentes métodos. Além disso, nas respostas recebidas, e sobretudo em várias observações, fazem-se notar as dificuldades relativas à profilaxia contra a Aids. O problema parece grave em algumas regiões do mundo onde tal enfermidade está muito propagada. Sente-se a necessidade de que a posição da Igreja a este propósito seja explicada melhor, principalmente diante de determinadas reduções caricaturais por parte dos meios de comunicação. Precisamente de acordo com um olhar personalista e relacional, parece necessário não limitar a questão a problemáticas meramente técnicas. Trata-se de acompanhar dramas que marcam profundamente a vida de inúmeras pessoas, fazendo-se promotores de um modo verdadeiramente humano de viver a realidade do casal, em situações muitas vezes árduas, que merecem a devida atenção e um respeito sincero.

Algumas causas da difícil recepção

126. Todas as respostas sublinham sobretudo como as dificuldades de entender a mensagem da Igreja sobre o amor fecundo entre o homem e a mulher estão relacionadas com o grande fosso existente entre a doutrina da Igreja e a educação civil, sobretudo nas áreas geográficas mais marcadas pela secularização. As respostas provenientes das conferências episcopais põem em evidência, de maneira predominante, a diferente antropologia de fundo. Indicam também grandes dificuldades de saber exprimir adequadamente a relação entre a antropologia cristã e o sentido da regulação

natural da fertilidade. A redução da problemática à casuística não beneficia a promoção de uma visão ampla da antropologia cristã. Faz-se notar, muitas vezes, como o ensinamento da Igreja é rejeitado apressadamente pela mentalidade predominante como retrógrado, sem se confrontar com as suas razões e com a sua visão do homem e da vida humana.

127. Em algumas respostas comparam-se a difundida mentalidade contraceptiva com a presença maciça da ideologia do *gender*, que tende a modificar algumas estruturas fundamentais da antropologia, entre as quais o sentido do corpo e da diferença sexual, substituída pela ideia da orientação de gênero, a ponto de chegar a propor a subversão da identidade sexual. A este propósito sobressai, de muitas partes, a necessidade de ir mais além das condenações genéricas contra tal ideologia cada vez mais invasiva, para responder de maneira fundada a tal posição, hoje amplamente difundida em muitas sociedades ocidentais. Neste sentido, o descrédito atribuído à posição da Igreja em matéria de paternidade e maternidade constitui apenas um elemento de uma transformação antropológica que algumas realidades muito influentes continuam a promover. Por conseguinte, a resposta não poderá limitar-se unicamente à questão dos contraceptivos ou dos métodos naturais, mas deverá colocar-se em nível da experiência humana decisiva do amor, descobrindo o valor intrínseco da diferença que caracteriza a vida humana e a sua fecundidade.

Sugestões pastorais

128. Sob o ponto de vista pastoral, as respostas, em numerosíssimos casos, indicam a necessidade de uma maior difusão – com uma linguagem renovada, propondo uma visão antropológica coerente – do que se afirma na *Humanae Vitae*, sem se limitar aos cursos pré-matrimoniais, mas inclusive através de percursos de educação para o amor. Algumas respostas sugerem que a apresentação dos métodos de regulação natural da fertilidade tenha lugar em colaboração com pessoas verdadeiramente preparadas, tanto do ponto de vista médico como pastoral. Com esta finalidade, insiste-se sobre a colaboração com centros universitários encarregados do estudo e do aprofundamento de tais métodos, no âmbito da promoção de uma visão mais ecológica do humano. Do mesmo modo, sugere-se que se reserve maior espaço a esta temática no âmbito da formação dos futuros presbíteros nos seminários, considerando que os sacerdotes resultam às vezes despreparados para enfrentar tais temáticas e, às vezes, oferecem indicações inexatas e desviantes.

Sobre a prática sacramental

129. No âmbito das sugestões pastorais relativas à abertura à vida, está inserido o tema da prática sacramental vinculada a estas situações, quer no concernente ao sacramento da penitência, quer no que se refere à participação na eucaristia. A este propósito, as respostas são essencialmente concordes em observar que, nas áreas de forte secularização, em geral, os casais não

consideram pecado o recurso aos métodos anticoncepcionais e, por conseguinte, tende-se a não fazer disto matéria de confissão e a aproximar-se da eucaristia sem qualquer problema. Por outro lado, ressalta-se como permanece íntegra entre os fiéis a consciência do aborto como pecado extremamente grave, sempre matéria de confissão. Algumas respostas afirmam que hoje "o exame de consciência" dos casais cristãos está concentrado na relação entre os cônjuges (infidelidade, falta de amor), descuidando bastante os aspectos da abertura à vida, em confirmação da debilidade com que muitas vezes se entende a relação entre o dom de si ao outro na fidelidade e a geração da vida. As respostas põem em evidência também que é muito diversificada a atitude pastoral dos sacerdotes em referência a este tema: entre os que assumem uma posição de compreensão e de acompanhamento; e os que, ao contrário, se mostram muito intransigentes ou então laxistas. Confirma-se assim a necessidade de rever a formação dos presbíteros sobre estes aspectos da pastoral.

Promover uma mentalidade aberta à vida

130. Em algumas regiões do mundo, a mentalidade contraceptiva e a difusão de um modelo antropológico individualista determinam uma acentuada diminuição demográfica, cujas consequências sociais e humanas não são consideradas de maneira adequada. As políticas que visam à diminuição da natalidade alteram a qualidade da relação entre os cônjuges e o relacionamento entre as gerações. Portanto, no âmbito

da responsabilidade pastoral da Igreja, impõe-se uma reflexão sobre como apoiar uma mentalidade mais aberta à vida.

131. Muitas respostas e observações demonstram o vínculo entre abertura à natalidade e questão social e de trabalho: a promoção da natalidade parece intrinsecamente ligada à presença de condições que permitam que os casais jovens assumam com liberdade, responsabilidade e tranquilidade a escolha de gerar e de educar os seus filhos. Jardins de infância, horários de trabalho flexíveis, licenças parentais e facilidade de uma nova inserção na situação de trabalho parecem ser condições decisivas a tal propósito. Neste sentido há também uma responsabilidade civil dos cristãos na promoção de leis e de estruturas que favoreçam uma abordagem positiva em relação à vida nascente. Sob um ponto de vista mais claramente pastoral, nas respostas salienta-se a utilidade dos consultórios familiares ligados às dioceses e das associações de famílias, a fim de que se tornem testemunhas da beleza e do valor da abertura à vida. Recomenda-se que o sínodo ajude a recuperar o profundo sentido antropológico da moralidade da vida conjugal que, para além de todo o moralismo, se manifesta como uma tensão sincera para viver a beleza exigente do amor cristão entre o homem e a mulher, valorizado em vista do amor maior, que chega a dar a vida pelos próprios amigos (cf. *Jo* 15,13). Não faltaram respostas que convidam a descobrir de novo o sentido da castidade conjugal, em relação à autenticidade da experiência amorosa.

Capítulo II

A IGREJA E A FAMÍLIA DIANTE DO DESAFIO EDUCATIVO

a) O desafio educativo em geral

O desafio educativo e a família hoje

132. Os desafios que a família deve enfrentar no âmbito educativo são múltiplos; muitas vezes, os pais sentem-se despreparados perante esta tarefa. O Magistério recente insistiu sobre a importância da educação, para a qual os cônjuges recebem também uma graça singular no seu matrimônio. Nas respostas e observações frisou-se que a educação deve ser integral, suscitando a grande interrogação sobre a verdade, que pode orientar no caminho da vida (cf. Bento XVI, *Discurso,* 21 de janeiro de 2008) e que nasce sempre no âmbito de um amor, a começar pela experiência de amor que vive o filho acolhido pelos pais (cf. Bento XVI, *Discurso,* 23 de fevereiro de 2008). A educação consiste numa introdução ampla e profunda na realidade global e em particular na vida social, e é responsabilidade primária dos pais, que o Estado deve respeitar, salvaguardar e promover (cf. *GE* 3; *FC* 37). O Papa Francisco ressaltou a importância da educação na transmissão da fé: "Os

pais são chamados" – como diz Santo Agostinho – "não só a gerar os filhos para a vida, mas a levá-los a Deus, para que sejam, através do batismo, regenerados como filhos de Deus e recebam o dom da fé" (*LF* 43).

Transmissão da fé e iniciação cristã

133. A obra pastoral da Igreja é chamada a ajudar as famílias na sua tarefa educacional, a começar pela iniciação cristã. A catequese e a formação paroquial constituem instrumentos indispensáveis para apoiar a família nesta tarefa de educação, de modo particular por ocasião da preparação para o batismo, a crisma e a eucaristia. Além da família e da paróquia, realça-se a fecundidade do testemunho dos movimentos de espiritualidade familiar e das agregações laicais, nas quais tende a desenvolver-se cada vez mais um "ministério de casal", onde os formadores das famílias levam em frente o crescimento da Igreja doméstica através de encontros pessoais e entre famílias, sobretudo cuidando da oração.

134. A educação cristã em família realiza-se, principalmente, através do testemunho de vida dos pais em relação aos filhos. Algumas respostas recordam que o método de transmissão da fé não se altera ao longo do tempo, embora tenha que se adaptar às circunstâncias: caminho de santificação do casal, oração pessoal e familiar, escuta da Palavra e testemunho da caridade. Onde se vive este estilo de vida, a transmissão da fé é assegurada, não obstante os filhos sejam submetidos a pressões opostas.

Algumas dificuldades específicas

135. O desafio da educação cristã e da transmissão da fé é muitas vezes marcado, em numerosos países, pela profunda mudança do relacionamento entre as gerações, que condiciona a comunicação dos valores na realidade familiar. No passado, este relacionamento encontrava-se na base de uma vida de fé compartilhada e comunicada como patrimônio entre uma geração e a outra. Todos os episcopados, e muitas observações, apontam as profundas transformações a este propósito e a sua influência sobre a responsabilidade educacional da família; contudo, é inevitável observar certas diferenciações, em conformidade com os elementos tradicionais ainda presentes na própria sociedade ou com os desenvolvimentos dos processos de secularização. Os episcopados da Europa ocidental recordam como, nos anos 60 e 70 do século passado, houve um vigoroso conflito geracional. Hoje, talvez também sob o condicionamento daquelas experiências, os pais parecem muito cautelosos em incentivar os filhos à prática religiosa. Precisamente neste campo procura-se evitar conflitos, em vez de os enfrentar. Além disso, no que diz respeito aos temas religiosos, os próprios pais sentem-se muitas vezes inseguros, de tal forma que no momento de transmitir a fé eles permanecem frequentemente sem palavras e, embora a considerem importante, delegam esta tarefa a instituições religiosas. Isto parece demonstrar uma fragilidade da parte dos adultos e principalmente dos pais jovens, no momento de transmitir o dom da fé com alegria e convicção.

136. Das respostas nota-se como as escolas católicas, nos seus vários níveis, desempenham um papel importante na transmissão da fé aos jovens e contribuem em grande medida para a tarefa educativa dos pais. Recomenda-se que elas sejam incrementadas e sustentadas por toda a comunidade eclesial. Isto resulta especialmente relevante naquelas situações em que o Estado é invasivo, de modo particular nos processos educativos, procurando privar a família da própria responsabilidade educativa. Neste sentido, a escola católica expressa a liberdade de educação, reivindicando o primado da família como verdadeiro sujeito do processo educacional, para o qual devem concorrer as demais figuras em jogo na educação. Pede-se maior colaboração entre famílias, escolas e comunidades cristãs.

137. A tarefa da família na transmissão e educação para a fé é considerada ainda mais importante em regiões onde os cristãos são minoritários, como recordam os episcopados do Oriente Médio. Uma experiência dolorosa aparece nas respostas provenientes dos países da Europa do Leste: as gerações mais idosas viveram durante o socialismo e receberam os fundamentos cristãos antes do advento daquele regime. As gerações mais jovens, ao contrário, cresceram num clima pós-comunista, caracterizado por fortes processos de secularização. Tudo isto condicionou negativamente a transmissão da fé. No entanto, as gerações mais jovens são sensíveis principalmente ao exemplo e ao testemunho dos pais. Em geral, as famílias que participam nos movimentos eclesiais são mais ativas na tentativa de

transmitir a fé às novas gerações. Em algumas respostas encontra-se um certo paradoxo educativo a propósito da fé: em diversas realidades eclesiais não são os pais que transmitem a fé aos filhos, mas vice-versa; são os filhos que, abraçando-a, a comunicam a pais que, desde há tempos, abandonaram a prática cristã.

b) A educação cristã em situações familiares difíceis

138. Se a transmissão da fé e a educação cristã resultam inseparáveis do autêntico testemunho da vida, compreende-se como as situações difíceis no seio do núcleo familiar agravam a complexidade do processo educacional. Neste sentido, uma maior atenção pastoral a respeito da educação cristã deve ser dirigida àquelas realidades familiares cujos filhos podem se ressentir particularmente da situação dos pais, definida como irregular. A este propósito, formulam-se votos a favor da utilização de expressões que não deem a percepção de distância, mas de inclusão; que possam transmitir em maior medida o acolhimento, a caridade e o acompanhamento eclesial, de maneira a não gerar, sobretudo nas crianças e nos jovens em questão, a ideia de uma rejeição ou de uma discriminação dos seus pais, na consciência de que "irregulares" são as situações, não as pessoas.

Uma visão geral da situação

139. O panorama contemporâneo da educação é bastante complexo e mutável. Existem regiões onde a fé católica continua a receber um elevado consenso, mas onde o número de crianças e jovens nascidos e crescidos em famílias regulares está em evidente diminuição. Em outras regiões as Igrejas particulares devem enfrentar outros desafios educativos, num contexto em que as convivências extraconjugais, a homossexualidade e os matrimônios civis não são autorizados. Todavia, não obstante os graus de diversidade, a Igreja encontra estas situações difíceis ou irregulares já em toda parte. Este fenômeno, mesmo onde ainda é consistente a presença de núcleos biparentais regularmente unidos mediante o matrimônio religioso, está aumentando.

140. Das respostas sobressaem três elementos a respeito das situações irregulares e da sua incidência sobre a educação. Acerca das uniões entre pessoas do mesmo sexo, das respostas deduz-se que esta realidade, ainda circunscrita a países "liberal-progressistas", no momento atual não suscita interrogativos pastorais específicos. Algumas indicações pastorais já foram comentadas no final da II Parte. Um segundo elemento que deve ser considerado é a existência atual e o aumento de núcleos monoparentais: muitas vezes trata-se de mães com filhos menores sob a sua responsabilidade, em contextos de pobreza. Este fenômeno interpela sobretudo as sensibilidades das Igrejas da América Latina e da Ásia, onde, não raro, tais mães são obrigadas a de-

legar a educação dos filhos ao clã familiar. Em terceiro lugar, no Sul do mundo tem uma grande relevância o fenômeno das "crianças de rua", entregues a si mesmas por pais em dificuldade, órfãs pela morte violenta dos pais, e por vezes confiadas aos avôs.

Os pedidos dirigidos à Igreja

141. Em linha geral, da análise das respostas obtém-se a ideia de que os pais em situações irregulares se dirigem à Igreja com atitudes muito diferenciadas, segundo os sentimentos e as motivações que os animam. Há quem alimenta muito respeito e confiança pela Igreja e, ao contrário, quem demonstra uma atitude negativa por causa da vergonha experimentada devido às escolhas feitas, ou ainda quem hesita em aproximar-se dela com medo de ser rejeitado ou marginalizado. Enquanto alguns consideram que a comunidade eclesial os pode compreender e acolher com benignidade, apesar dos seus fracassos e dificuldades, outros julgam a Igreja uma instituição que se intromete demasiado no estilo de vida das pessoas, ou então estão persuadidos de que ela é uma espécie de tutora que deve garantir educação e acompanhamento, mas sem apresentar demasiadas pretensões.

142. O pedido principal e mais difundido, que os pais nestas situações de vida dirigem às Igrejas particulares, é o da administração dos sacramentos aos filhos, de maneira especial o batismo e a primeira eucaristia, mas com uma clara dificuldade de reser-

var a devida importância e o justo valor à formação religiosa e à participação na vida paroquial. Muitos sabem que a catequese é um pré-requisito para receber os sacramentos, mas, mais do que uma oportunidade, consideram-na uma obrigação, uma formalidade ou um compromisso que devem aceitar para que o filho possa receber aquilo que foi solicitado. As respostas fazem notar que, frequentemente, se verificam reticências e desinteresse por parte dos pais em relação ao percurso de preparação cristã proposto pelas comunidades. O resultado é que muitas vezes os pais, se podem, evitam participar nos percursos previstos para os filhos e para eles, justificando-se com razões de tempo e de trabalho, enquanto muitas vezes se trata de desleixo e de busca de soluções mais cômodas ou rápidas. Às vezes, eles manifestam até atitudes negativas diante das exigências dos catequistas. Em outros casos, é evidente a sua indiferença, porque permanecem sempre passivos em relação a qualquer iniciativa, e não se comprometem na educação religiosa do filho.

143. Aquilo que sobressai da análise dos dados é que numerosíssimos destes pais, como de resto uma boa parte de pais católicos regularmente casados, pedem para os filhos a iniciação nos sacramentos a fim de não faltar a um hábito, a um costume típico da sociedade. O sacramento ainda representa para muitas pessoas uma festa tradicional, que elas pedem mais por conformação com um hábito familiar e social do que por convicção. Todavia, há pais que desejam sinceramente transmitir a fé aos filhos e, por isso, confiam nos itine-

rários de formação que a paróquia propõe em vista da administração dos sacramentos. Por vezes, eles mesmos pedem que sejam ajudados a sair das situações que os tornam frágeis, estão dispostos a começar um autêntico caminho de espiritualidade e desejam participar concretamente na vida da Igreja, deixando-se comprometer no percurso catequético-sacramental dos filhos. Não são raros os casos nos quais os pais voltam a descobrir a fé de modo mais genuíno, às vezes chegando até a pedir o matrimônio depois de anos de convivência.

144. Das respostas foram recenseados inclusive outros tipos de pedidos que os pais em situações irregulares apresentam à Igreja. Em particulares realidades culturais, acontece de eles pedirem os sacramentos para os próprios filhos por motivos de superstição ou para evitar que permaneçam no paganismo. Em outras circunstâncias, eles dirigem-se aos sacerdotes locais simplesmente para poder receber um apoio econômico e educativo. Em geral diminui o pedido da confirmação para os próprios filhos, sobretudo nos países mais secularizados. Difunde-se a ideia de que é bom conceder aos jovens a liberdade e a responsabilidade de começar o percurso de iniciação na vida cristã. Apresenta-se uma dificuldade quando os pais divorciados estão em desacordo no que se refere ao percurso de iniciação cristã do filho; em tais casos, a Igreja é chamada a assumir um importante papel de mediação, através da compreensão e do diálogo.

145. No que se refere ao pedido de ensino da religião católica aos próprios filhos, das respostas e das observações recebidas relevam-se duas tipologias. Por um lado, existem casos em que é possível pedir para usufruir ou não do ensino da religião católica na escola, para além da catequese paroquial. Em geral, optam por este pedido também os pais que vivem em situações irregulares e, particularmente na Europa, muitos dos não católicos ou até dos não batizados. Ao longo dos últimos anos, em algumas regiões de certos países europeus, aumentou o número de pessoas inscritas no ensino da religião católica nas escolas públicas. Por outro lado, existem alguns sistemas escolares de base (como o australiano) que oferecem a possibilidade de uma boa educação para a fé e instrução religiosa. Em tais casos, muitos pais em situações irregulares, quando o filho foi batizado, usufruem facilmente da possibilidade de seguir os programas de formação cristã oferecidos pela própria escola, que preparam para receber os sacramentos sem ter que participar nos percursos de catequese paroquial. Diversa é também a realidade das escolas e colégios católicos presentes e ativos em todos os continentes. Neles, os filhos de pais em situações irregulares podem inscrever-se sem pré-requisitos. Com efeito, resulta que, se os procuram de bom grado, é principalmente porque sabem que receberão assistência e colaboração na obra educativa dos filhos. Na África, as escolas católicas constituem lugares importantes para a educação cristã das crianças. Nas respostas foi enfrentada de maneira escassa a questão relativa à in-

cidência do ensino da religião católica no percurso de educação para a fé. Verificam-se tentativas de trabalho conjunto entre catequese paroquial, atividades escolares e instrução religiosa, agindo em maior medida neste campo. Tem-se a impressão de que este caminho deve ser favorecido especialmente onde o ensino da religião católica se limita ao aspecto intelectual.

As respostas das Igrejas particulares

146. As Igrejas particulares comprometeram-se no acompanhamento das famílias e, juntamente com elas, também das situações irregulares. Quando os pais, geralmente depois de um afastamento da Igreja, se aproximam dela e pedem à comunidade eclesial a preparação sacramental para os seus filhos, a abordagem mais profícua que se verifica nas respostas é a do acolhimento sem preconceitos. Isto significa que o respeito, a abertura benévola e a escuta das necessidades humanas e espirituais se demonstram atitudes fundamentais para criar um ambiente favorável e adequado para a transmissão da mensagem evangélica. Entre as experiências eclesiais eficazes e significativas, destinadas a contribuir para o percurso destes pais, foram evidenciadas: as catequeses comunitárias e familiares, os movimentos de apoio à pastoral conjugal, as missas dominicais, as visitas às famílias, os grupos de oração, as missões populares, a vida das comunidades eclesiais de base, os grupos de estudo bíblico, as atividades e a pastoral dos movimentos eclesiais, a formação cristã oferecida aos pais das crianças e dos jovens que fre-

quentam os numerosos colégios e centros de educação católica, principalmente na América Latina. Muitas vezes são os filhos que evangelizam os pais.

147. Não obstante o que foi dito, numerosas respostas observam que a pastoral hodierna da Igreja nem sempre é capaz de acompanhar de maneira adequada estas realidades familiares específicas. A obra pastoral teria necessidade de renovação, de criatividade e de alegria para ser mais incisiva e construtiva na criação de uma relação de osmose entre formação dos jovens, formação para a fé dos pais e vida comunitária. Existem novas iniciativas que se movem neste rumo: os momentos de formação, de oração e de retiro, destinados aos pais, muitas vezes contemporaneamente com a catequese sacramental dos filhos; as "escolas para pais"; os programas de catequese sobre a moral familiar e sexual; a oportunidade de reunir mais casais numa única celebração do matrimônio (*mass-marriage*), para ir ao encontro também do problema financeiro, que muitas vezes impede e desencoraja o pedido de matrimônio, como, por exemplo, na Nigéria e na África do Sul. Alguns relevam que, no entanto, se trata de ofertas ainda não plenamente estruturadas.

148. Das respostas dadas aos questionários sobressai que, se por um lado o acompanhamento dos pais depende da disponibilidade a deixar-se comprometer e guiar, o seu cuidado nasce principalmente do sentido de responsabilidade, da solicitude dos sacerdotes locais e da sua capacidade de empenhar o mais possível toda

a comunidade paroquial. Nas paróquias alemãs, por exemplo, tanto as crianças como os pais são seguidos por um grupo de catequistas que os acompanham ao longo do percurso catequético. Nas cidades grandes parece mais complexo conseguir realizar uma abordagem pastoral personalizada. De qualquer maneira, representa um desafio a possibilidade de se aproximar com profunda atenção destas irmãs e destes irmãos, de os acompanhar, ouvir e ajudar a expressar as interrogações que residem no seu coração, de propor um itinerário que possa fazer renascer o desejo de um aprofundamento da relação com o Senhor Jesus, também mediante autênticos vínculos comunitários. Deveriam ser incentivadas as iniciativas já existentes, como aquela promovida por algumas conferências episcopais sul-americanas, que produzem e oferecem subsídios formativos para ajudar estes pais na educação dos seus filhos.

149. As Igrejas particulares sabem bem que a culpa das escolhas ou da vivência dos próprios pais não é das crianças nem dos jovens. Por isso, em toda a parte os filhos são acolhidos sem distinções em relação aos outros, com o mesmo amor e a mesma atenção. A oferta formativa cristã que lhes é proposta não se diferencia das iniciativas de catequese e de atividade pastoral destinadas aos jovens da comunidade inteira: a catequese, as escolas de oração, a iniciação na liturgia, os grupos, especialmente a infância missionária na América Latina, as escolas de teatro bíblico e os coros paroquiais, as escolas e os campos paroquiais, os grupos juvenis. Observa-se que não existem atividades

especiais que possam apoiar estas crianças, para cicatrizar ou elaborar as suas feridas. Formulam-se votos a fim de que haja a promoção de itinerários a seu favor, a organização de percursos de apoio, de forma especial no período difícil da separação e do divórcio dos pais, momento em que eles devem poder continuar a esperar nos vínculos familiares, não obstante os pais estejam se separando. Numa diocese do norte da Europa, onde a taxa de filhos de divorciados é muito elevada, para ir ao encontro das problemáticas destas realidades familiares e da dificuldade dos jovens, que nos fins de semana nem sempre podem participar na catequese, alguns párocos organizam a catequese em fins de semana alternados, de tal maneira que as crianças possam participar sempre, sem se sentirem diferentes.

150. Além das paróquias, das associações e dos movimentos, também o apostolado dos institutos religiosos femininos oferece uma contribuição válida para estes pais e para os seus filhos, sobretudo onde existem formas de pobreza extrema, de intolerância religiosa ou de exploração da mulher; e também a Obra da Propagação da Fé, que contribui para a educação e a formação cristã de crianças, inclusive daquelas cujos pais vivem em situações irregulares, através de subsídios ordinários e extraordinários.

Tempos e modos da iniciação cristã das crianças

151. No que diz respeito ao percurso de preparação para os sacramentos e à prática sacramental, segue-

-se quanto é indicado pelas normas canônicas, pelas conferências episcopais e pelas diretrizes diocesanas. Não se prevê um caminho de preparação alternativo em relação ao dos filhos de famílias regulares. Por conseguinte, em linha de princípio segue-se o percurso clássico, que prevê a preparação para o sacramento do batismo mediante encontros com os pais; segue-se-lhe a catequese ordenada e progressiva, em conformidade com a idade para a preparação, em cerca de três ou quatro anos, para os outros sacramentos da iniciação cristã, contanto que os pais peçam que os filhos os possam receber. Depois da confirmação, em determinadas dioceses, o percurso formativo prossegue através de experiências pastorais como a solene profissão de fé e iniciativas específicas para os grupos juvenis. Em geral, depois da confirmação, assiste-se quer a uma brusca diminuição na frequência, às vezes atribuída a uma catequese pouco adequada para os jovens, quer ao abandono da prática sacramental, que deve ser atribuída às escassas motivações pessoais. Isto confirma a falta de firmeza na fé e de acompanhamentos personalizados. As variações que subsistem entre as Igrejas particulares e as diversas Igrejas Orientais Católicas, a propósito destas temáticas, podem ser atribuídas à ordem segundo a qual os sacramentos são administrados, à idade com a qual podem ser recebidos, ou então à organização dos programas de catequese, mas também a escolhas pastorais que deveriam encorajar e abrir novos caminhos de acompanhamento.

152. Alguns aprovam o compromisso de celebrar os sacramentos não numa idade estabelecida antecipadamente, mas tendo em consideração a maturidade espiritual dos adolescentes, embora tal prática muitas vezes suscite dificuldades entre os pais. Em outros casos, as crianças de famílias constituídas irregularmente recebem o batismo depois de três/quatro anos de catequese, na idade com a qual os seus companheiros são admitidos à primeira eucaristia, como estabelecem por exemplo algumas conferências episcopais africanas. Quando os pais pedem o batismo para os seus filhos, encontrando-se, contudo, em situação de convivência, há Igrejas nas quais se opta por um acompanhamento pessoal dos pais, antes de administrar os sacramentos aos filhos, com a instrução que os orienta a aproximar-se de novo dos sacramentos, até a celebração do matrimônio. Somente depois de alguns anos, também os filhos receberão o batismo. Esta prática é testemunhada em alguns países africanos e árabes. Em outros países o rigorismo pastoral acerca do nível moral da vida dos pais comportaria o risco de negar injustamente os sacramentos às crianças e de provocar uma discriminação injusta entre diversas situações moralmente inaceitáveis (por exemplo, punir as crianças pela invalidade do matrimônio dos pais, mas não levar em consideração a situação daqueles que vivem de delinquência e de exploração). São poucos os casos em que se faz referência ao catecumenato para as crianças.

Algumas dificuldades específicas

153. As dificuldades que se revelam em relação à prática sacramental chamam a atenção para aspectos delicados e questões problemáticas para a prática das Igrejas particulares. Em relação ao sacramento do batismo denuncia-se, por exemplo, a atitude de tolerância com a qual, às vezes, é administrado aos filhos de pais em situações irregulares, sem percursos formativos. Sobre este mesmo tema, verificam-se casos em que foi rejeitado o percurso de iniciação cristã porque um dos dois pais vive em situação irregular. Nas respostas aparece várias vezes a referência à grave dificuldade de pais que não podem aceder aos sacramentos da penitência e da eucaristia, enquanto as crianças são convidadas a participar nos sacramentos. Esta dificuldade é vivida em proporção à compreensão ou incompreensão do sentido da não admissão, entendido apenas em termos negativos, ou então no contexto de um possível percurso de cura.

Algumas indicações pastorais

154. Parece cada vez mais necessária uma pastoral sensível, norteada pelo respeito destas situações irregulares, capaz de oferecer uma ajuda concreta para a educação dos filhos. Sente-se a necessidade de um acompanhamento melhor, permanente e mais incisivo em relação aos pais que vivem em tais situações. Uma vez que é elevado o número dos que voltam à fé por ocasião da preparação dos filhos para os sacramentos, seria preciso pensar em nível local em oportunos cami-

nhos de redescoberta e de aprofundamento da fé, que exigiriam uma preparação adequada e uma obra pastoral conveniente. Uma indicação significativa refere-se à nova compreensão do valor e do papel que assumem o padrinho ou a madrinha ao longo do caminho de fé das crianças e dos adolescentes. As sugestões enviadas a respeito deste tema vão da necessidade de repensar os critérios para a sua escolha, que se torna cada vez mais complexa devido ao crescente número de pessoas que vivem em situações irregulares, à necessidade de incentivar ou tornar a catequese ativa para os pais e para os padrinhos e as madrinhas, tendo em consideração a elevada percentagem de quantos nem sequer têm consciência do significado do sacramento. Um acompanhamento pastoral específico deverá ser dedicado aos matrimônios mistos e de disparidade de culto, que muitas vezes encontram dificuldades relevantes na educação religiosa dos filhos.

155. As conferências episcopais interrogam-se se não é possível instruir em cada comunidade cristã casais que possam seguir e sustentar o percurso de crescimento das pessoas interessadas de maneira autêntica, como madrinhas e padrinhos idôneos. Nas regiões onde os catequistas desempenham um papel importante e delicado, sugere-se que sejam formados com maior empenho e que sejam escolhidos com maior discernimento, dado que suscitam divisões e perplexidades os casos de catequistas que vivem em situações de irregularidade matrimonial. Releva-se que a Igreja deveria ter em maior consideração a qualidade da oferta

catequética, exigindo uma formação melhor da parte dos catequistas, para que sejam testemunhas de vida credíveis. Observa-se a necessidade de uma preparação mais profunda para os sacramentos, mediante a evangelização das pessoas: seria preciso trabalhar mais por uma iniciação na fé e na vida. Pede-se que seja garantida uma pastoral apropriada aos pais, incluídos na faixa que vai do batismo à primeira eucaristia dos filhos. Propõe-se que se organizem, em nível de decanatos--vicariatos, encontros para os que vivem ou devem enfrentar problemáticas familiares e que, ao mesmo tempo, são chamados a educar os filhos para a fé.

156. As escolas católicas têm uma grande responsabilidade em relação a estas crianças, adolescentes, jovens, filhos de casais em situações irregulares, cujo número nelas já é elevado. A este propósito, a comunidade educativa escolar deveria suprir cada vez mais o papel familiar, criando uma atmosfera hospitaleira, capaz de mostrar o rosto de Deus. Contudo, deseja-se que a preparação para os sacramentos se realize mediante uma colaboração concreta entre a paróquia e a escola católica, para fortalecer o sentido de pertença à comunidade. Pede-se que possam ser incentivados em todos os níveis eclesiais os percursos de educação e de formação para o amor, a afetividade e a sexualidade, destinados às crianças, aos adolescentes e aos jovens. A proposta de novos modelos de santidade conjugal poderia favorecer o crescimento das pessoas no contexto de um tecido familiar válido, nas suas tramas de salvaguarda, educação e amor.

157. Nos casos de algumas das situações difíceis, por exemplo, de casais de refugiados ou de migrantes, a Igreja deveria oferecer antes de tudo uma ajuda material e psicológica, contribuindo para a instrução e a prevenção de abusos ou de exploração de menores. No caso dos "nômades", que em geral pedem o sacramento do batismo para os seus filhos, as Igrejas particulares deveriam comprometer-se mais intensamente em prol de um acompanhamento espiritual da família, para que possa completar-se todo o arco de iniciação cristã.

CONCLUSÃO

158. O amplo material enviado à secretaria do Sínodo dos Bispos foi organizado neste *Instrumentum Laboris*, de modo a favorecer o confronto e o aprofundamento previstos durante os trabalhos da III Assembleia Geral Extraordinária do Sínodo dos Bispos. Sem dúvida, a riqueza daquilo que está contido nas respostas e nas observações é muito mais ampla que o aqui exposto com a finalidade de apresentar um primeiro ponto de referência para o diálogo sinodal. No entanto, os três grandes âmbitos sobre os quais a Igreja tenciona desenvolver o debate para chegar a indicações que correspondam às novas perguntas presentes no povo de Deus são aqueles aqui evocados: o Evangelho da família a ser proposto nas circunstâncias atuais, a pastoral familiar a ser aprofundada frente os novos desafios, a relação generativa e educativa dos pais em relação aos filhos.

159. Concluímos este itinerário, no qual entrevimos alegrias e esperanças, mas também incertezas e sofrimentos nas respostas e nas observações recebidas, voltando a beber nas fontes da fé, da esperança e da caridade: confiamo-nos à Santíssima Trindade, mistério de amor absoluto, que se revelou em Cristo e que nos foi participada através do Espírito Santo. O amor de Deus resplandece de maneira peculiar na família de Nazaré, ponto de referência seguro e de conforto de

cada família. Nela refulge o amor verdadeiro para o qual todas as nossas realidades familiares devem olhar para haurir luz, força e consolação. À Sagrada Família de Nazaré, desejamos confiar a III Assembleia Geral Extraordinária do Sínodo dos Bispos, com as palavras do Papa Francisco:

Oração à Sagrada Família

Jesus, Maria e José,
em vós nós contemplamos
o esplendor do amor verdadeiro,
e dirigimo-nos a vós com confiança.

Sagrada Família de Nazaré,
faz também das nossas famílias
lugares de comunhão e cenáculos de oração,
autênticas escolas do Evangelho
e pequenas Igrejas domésticas.

Sagrada Família de Nazaré,
que nunca mais nas famílias se viva a experiência
de violência, fechamento e divisão:
quem quer que tenha sido ferido ou escandalizado
conheça depressa a consolação e a cura.

Sagrada Família de Nazaré,
que o próximo Sínodo dos Bispos
possa despertar de novo em todos a consciência
da índole sagrada e inviolável da família,
a sua beleza no desígnio de Deus.

Jesus, Maria e José,
ouvi e atendei a nossa súplica.
Amém.